# レシピ以前の料理の心得

日々の料理をもっとおいしく

上田淳子

→ p. 172

→ p.167

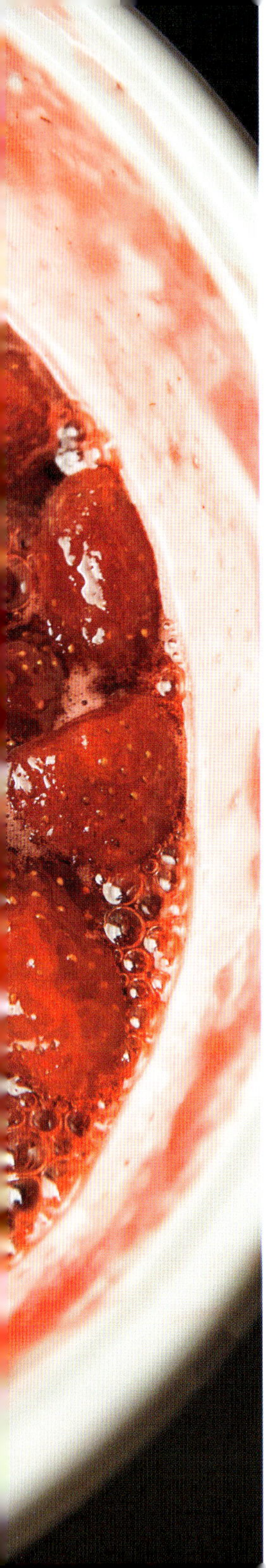

→ p. 184

→ p. 26

# レシピ以前の料理の心得

# はじめに

料理研究家。
私の中で、こう名乗っても大丈夫と心から思えるようになったのは、実のところそう昔のことではありません。料理とは。レシピとは。その問いを理解し、私なりの言葉で伝えられる自信ができ、ようやく口にできるようになったのかもしれません。

私は料理雑誌を買うのを毎月楽しみにする、料理好きの子どもでした。雑誌に登場する料理研究家の先生にあこがれてはいたものの、私にとってはまるで雲の上の存在。自分が就ける仕事だと思うことなど、全くありませんでした。

そんな私がフランス料理に出合い、その美しさと不思議さにあこがれ、恋焦がれ、これを仕事にしたいと思い極まり渡仏し、レストランで働くことになります。古典から最先端までさまざまなフランスの食文化に触れ、巧みな技術や奥深さに魅了される日々がありました。また、食材を粗末にすることなく、工夫を重ね丁寧に扱い食べ尽くす、というフランス人の食に対する考え方や生き方を目の当たりにし、刺激を受ける毎日でした。
数年で帰国すると、その後家庭を持ち、子育てに追われ……当時の料理仲間からすると、夢破れた人という感じだったかもしれません。でも私の思いは少し違っていました。料理をあきらめたのではなく、家族（夫と双子の息子）という、店のお客様よりある意味さらに難しい相手との対峙《たいじ》である、別なる闘いにすり替わっただけだったのです。そしてこの日々で、私の料理熱はそれまで以上に膨らむことになりました。

その頃の私の料理作りはというと、家族全員の好みにぴたりと合うものを追求しようとするも、それはかなり難しく、試行錯誤の毎日でした。既存のレシピを参考にしつつも、手軽でおいしい旬の食材を買い、いかにして忙しい子育て中にあっても自分がヘトヘトにならないよう、家族も自分も喜ばしいものに仕上げるか。ずっとその方法を模索していたように思います。

今、私が料理を楽しんで作り続けられるのは、こんなふうにもまれてきたことで、ようやく自分の料理の形が見えたからだと思います。長年生活の中で悩み、考え、研究をあきらめなかったからこそなのだと。この本は、そんな料理人生で続けてきたこと、そして今見えてきたことをつづっています。

要するに、「レシピは料理の主役ではない」。これが一番の答えです。料理の主役は「食べる人」。あるいは作って食べる（食べさせる）本人です。「何をどう食べたくて料理するのか」を考えることの方が大事なのです。

ではレシピは不要？　もちろんそうではありません。レシピは、料理のなりたちを知る大事な資料。時には初心者向きに、上級者向きに。ある時には簡単に、またある時には腕まくりレベルに。作り手の「何をどう食べたい」を手助けするための知恵やアイデアこそが、レシピの役割なのだと思います。料理研究家とは、これらのヒントを確実に皆様に役立てていただけるよう、練りに練って伝える職業なのだと私は思います。

レシピは見ながら調理することを前提としています。ですから必要最低限の工程がなるべく簡潔にまとめられていることがほとんどです。そしてレシピは、それだけで料理の大枠がわかるもの。そう、レシピは、あくまでもあらすじだと思っていただきたいのです。

本当に大事なのは、一つ一つの行為にある意味（理由）を理解しようとすること。それを積み重ねることで、日々の料理も整うのだと思います。

レシピの行間に潜むこの「ことわり」こそが、料理の要です。レシピの文字を追ってその通りに作るのではなく、「なぜこのタイミングで?」「なぜこの作業をするの?」、その意味を見つけ出し、それを自分の料理の心得としていただければ、料理はずっとラクに、楽しくなります。毎回本を見なければわからないことではありません。意識しておくだけで自然に身についてしまうものなのです。

そうした作業は、小難しく、料理上手への道としては遠回りのように感じるかもしれません。でも地道に続けることによってこそ、応用力がつくというもの。翼を手にするがごとく、圧倒的に料理を自由なものにしてくれます。料理に対して自信がつき、日々の食事作りに対しても心が軽くなっていくのだと思います。

長年、料理を仕事とし、向き合ってきたからこそ声を大にして言える。自分自身で「これでいい」「これがいい」と、材料を前にそう思えるようにするために必要なのは、少しの好奇心だけ。

皆様にとって料理が常にそばにいてくれる、強力な相棒になりますように。本書がその小さなきっかけになることを願っています。

上田淳子

## この本の使い方

・本文のみで作れる料理は、レシピを掲載していません。レシピもあくまで参考として、本文とあわせて活用してください。本文ではレシピの理由や目的をなるべく丁寧に伝えています。それを理解していただくことで、レシピにとらわれすぎず、自分の塩梅《あんばい》で料理する力が身につきます。「味つけとは」（260ページ）の内容も参考にしてみてください。

・自分や食べる人が、何を（どんなものを）食べたいかをイメージしながら料理するように心がけましょう。レシピを自分のものにするための近道になるはずです。

### レシピについて

・分量は特に記載がない限り、2人分です。
・大さじ1は15ミリリットル、小さじ1は5ミリリットル、1カップは200ミリリットルです。
・塩は粗塩、オリーブ油はエキストラバージンオリーブオイル、バターは有塩を使用。生クリームは乳脂肪分35パーセント以上を使ってください。
・野菜は特に記載がない限り、中サイズを使用してください。
・火加減は特に記載がない場合は中火、揚げ油の温度は中温170〜180℃、高温190〜200℃が目安です。火加減や加熱時間はあくまで目安になりますので、状態を見ながら判断してください。
・レンジは600W、フライパンは特に記載のない限り、テフロン加工のものを使っています。

目次

## 味が上がる定番料理の心得

## 季節を愛でれば料理がもっと楽しい

# 味が上がる
# 定番料理の心得

# ショウガ焼き、決め手はおろし玉ねぎ

ショウガ焼きといえば、どこの家庭の食卓にも並ぶ、国民的料理。だからこそ、家ごとの作り方、味つけがあるでしょう。

私の子どもの頃の味といえば、薄切り肉におろしショウガと醤油を揉み込み、焼くというより炒めるというものでしたが、大人になり定食屋でショウガ焼きを食べた時の驚きたるや！　味の濃さ、ちょい厚の豚肉のジューシーさ。キャベツとの相性もよく、ご飯が進み……と、ちょっとしたカルチャーショックだったんです。

## 漬け込みは△

当たり前すぎる料理こそ、着地点が難しい。ならば、自分がどういうショウガ焼きが好きかを改めて考えてみました。それは、肉は香ばしく焼かれ、肉そのものの味わいもしっかり感じられるところに、濃厚なタレが絡まっている、そんな一皿でしょうか。そうなると実は、肉の漬け込みは△。調味料の味が肉の中まで染み込むということは、肉の味をマスキングしてしまうということでもあるから。

であれば、焼く直前か、焼き上がった時点でタレを絡めることになりそうですが、前者の場合は肉の表面の調味料が焦げやすくなります。

では後者かというと、ショウガ醤油程度のさらさらしたタレをフライパンに入れたら、その塩分によって肉からも水分が出てしまい、せっかく香ばしく焼けた肉が調味料＋肉から出た水分でビシャビシャに。さらにその大量の水分を飛ばしながら薄い肉に煮絡めようとすると、肉は加熱のしすぎでどんどん硬くなってしまう。よく聞く「ショウガ焼きの肉が硬くなっちゃう」のは、これが原因だと思います。

## ポイントは「タレ」

肉の味わいをちゃんと感じられ、ショウガの風味が豊かでコクのある、やわらかジューシーなショウガ焼きにするにはどうしたらいいか。

ポイントは「タレ」にあります。醤油とショウガがあればショウガ焼きの味にはなりますが、そこに深みとコク、旨みがあって肉に絡みやすい濃度のあるタレを作るのです。

醤油に加え、深みはショウガだけでなく、おろしニンニクを少し加えます。そこにコクと旨みとして酒とみりんもプラス。そして濃度づけには、おろし玉ねぎを少し。とろみになるうえ、甘みや旨みもプラスされ一石二鳥ですよ。

これらを混ぜて先にレンジで加熱してまろやかに仕上げます。先に火を通しておけば、フライパンに入れてあとはさっと絡めるだけ。

流れをまとめるとこんな感じです。ショウガ焼き用の豚ロースは筋切りを忘れずに。タレの材料をレンジで加熱している間に、お皿にキャベツを盛り、茶碗にご飯もよそっておきましょう。油をひいたフライパンに肉を並べ、火にかけて温度が上がってから1分、裏返して1分。肉にほぼ火が通ったらタレを加え、さっと絡めてそのまますぐにタレごとお皿へ。この間、およそ4分。おいしく焼けた肉をご飯にワンバンして召し上がれ！

## ショウガ焼き

**材料**

豚肉ショウガ焼き用……6～8枚（300グラム）
玉ねぎ（すりおろす）……大さじ2
おろしショウガ……小さじ2
おろしニンニク……少々
A 醤油……大さじ2
　酒、みりん……各大さじ1/2
　砂糖……小さじ1/2～1
サラダ油……小さじ1

①耐熱ボウルにおろし玉ねぎ、A、おろしショウガ、おろしニンニクを入れてよく混ぜ、レンジに40秒かける。豚肉は筋切りする。

②フライパンにサラダ油をひき、豚肉を広げて強めの中火にかける。温度が上がってパチパチと音がし始めてから1分。上下を返し、さらに1分焼く。

③①を加えて肉に絡め、軽く煮詰まったら肉を皿に盛り、タレをかける。好みでキャベツのせん切りを添える。

# ポークソテーは火入れ中にむやみに触らない

厚切りの豚肉を焼くだけなのに、立派なメインになるポークソテー。シンプルにそのままでも、マスタードや大根おろしを添えても、あるいはサラダをたっぷり合わせても、とソースやつけ合わせ次第でいろいろな味わいを楽しめるのも魅力。

簡単な料理なのですが、シンプルな分、焼き方を間違えるとパサパサになり、残念な一品に……。でも大丈夫。いくつかのポイントを押さえれば、誰でもしっとりジューシーな焼き上がりが実現できますよ。

## 筋切りをすれば焼いている間に丸まらない

調理の前に、肉選びの話から。

「ポークソテー用」として売られているものは、基本的に「ロース」のこと。時折見かける肩ロースは濃厚、対してロースはあっさりジューシーな味わいです。

さて、パサつき防止のために大事なのが「筋切り」です。1センチおきくらいの位置に、肉の裏表からしっかり切り込みを入れます。

ロースの場合、肉と脂身の間に筋があります。指で触ってみて、脂よりも内側にある硬い層になった部分。筋は熱が加わると急激に縮み、肉が引っ張られてくるりと丸まってしまいます。そうなると、フライパンの面に肉があたらず、火通りに時間がかかります。そのうえ浮いている部分は、フライパンからのゆるい熱で蒸される状態になり、表面がカチッと焼き上がる前に肉汁が出てしまい、それがパサつきの原因になるんです。

ちなみに、肩ロースには肉の部分にも筋っぽい部分がまばらにありますが、ロースよりも細く、火が入っても丸まりにくいので、包丁の先でつつく程度で大丈夫です。

## 下味の塩の大切さ

続いて、肉に下味をつけます。「仕上げに（大根）おろし醤油やトマトソースなどをかけるし、下味はいらないよね」とは思わないでくださいね。この下味こそが何より大事。肉を嚙んだ時に「おいしい」と感じるのは、肉汁と一緒に塩味が感じられるからこそ。なので、かけるソースの塩分は少なめにし、肉自体にそこそこの塩味をつけること。しっかりつけるなら、塩は肉の重さの1パーセント弱が目安。塩分を含むソースをかける場合は、その半分ぐらいの塩加減を目安にしてください。

そして、しっとりポークソテーに重要なのは、塩をしたらすぐに焼くこと！　肩ロースに関しては、塩をすり込んで1日以上おいて塩豚にしてもおいしいですが、通常のロースは水分が多めなので、塩をしておいておくと水分が抜けてしまい、焼き上がりのパサつきの原因になってしまいます。

## 触らずに両面で5分

さあ、いよいよ焼きましょう。最も大事なのは、焼いている間は肉にむやみに触れないようにして、肉汁をなるべく外に出さないようにすることです。フライパンに油をひき、強めの中火でフライパンがしっかり熱くなるまで待ちます。肉を入れたら触らず、2分ほどそのままに。裏返してさらに2〜3分。その間も決して動かさないこと。厚さ1センチ程度なら、両面4〜5分で焼き上がります。

厚めの肉なら、前半だけふたをしましょう。後半にふたをしてしまうと、せっかくの焼き目が蒸れてしまいます。

これらのポイントを押さえれば、簡単、なのにジューシーな味わいのポークソテーが完成です。

# チキンソテーは、コールドスタートでじわじわ焼く

皮はカリカリ、身はしっとりジューシー、香ばしそうな焼き色……そんなチキンを想像するだけで、なんだか幸せな気分になってきます。ローストチキンまでいかずとも、こんがり焼けた鶏肉はやっぱりおいしい。こういうものが家で手軽にできると、家族にも喜ばれそうです。

とはいえ、これがなかなかのくせ者。皮が縮んでグニャグニャ、肉は生焼けで脂ベトベト……こんな壁にぶち当たること、多いのではないでしょうか？　実は私もそうでした。皮をカリッとさせるために熱したフライパンにヘラで押さえつけて……という方法もあるけれど、肉汁が出ちゃうという難点も。どうしたら？といろいろ試行錯誤を繰り返すうち、ついに秘策が見つかりました。

それは、コールドスタート！　まさに文字のごとく冷たい状態から調理を始めるという方法です。樹脂加工のフライパンならではの焼き方ですが、これさえあれば、冷たくても脂が少なくても肉がくっつかない。皮を騙しながら、つまりじわじわと火を入れていくことができるんです。

## 脂は取り除かなくていい

まずは肉の下ごしらえから。身に厚い部分があれば、包丁で7ミリほど切

り込みを入れて開き、厚さを均等にしましょう。そのままでも、半分に切ってもよし。1枚300グラム程度の肉なら塩小さじ1/2をすり込んで下準備は完了。周りにはみ出た脂は気にしなくていいですよ。焼いている間にほとんど溶けてしまうし、その溶け出た脂も必要になります。

## 焼き加減は皮側7割、肉側3割

そして、いよいよコールドスタートです。フライパンにサラダ油をひき、鶏肉の皮を下にして、皮はフライパンにピタリと隙間なく張りつけます。そこで初めて弱火にかけましょう。皮は張りついて伸びたまま、冷たい状態からじわじわと火が入っていく。そのうち残しておいた皮の周りの脂がゆっくり溶けていき、そのまま焼き続けると肉にも徐々に火が通り、その時には皮はこんがり焼けているというわけ。

鶏の皮は熱した油にのせると、急激に熱が入ることでキュッと縮んで、これが焼きむらの元になってしまいます。そこで、皮がカリカリの状態に焼けるまで触らず（これが大事）、ゆっくりと焼き続ければいいのです。

7〜8分焼き、皮に焼き色がついて横から見て身の7割ほどに火が通ったら、やっと裏返し。その時フライパンは脂の海だと思うので、ペーパータオルなどで拭き取って肉を返せばベトベトになりません。そして肉側は、残り3割程度をさっと焼けばＯＫ。時間にして両面で10分程度が目安でしょうか。

これで皮はパリパリ（まさにカリカリ）、肉はジューシーなチキンソテーのできあがりです。

肉に下味でしっかり塩をするので、我が家では仕上げに黒こしょうを振って粒マスタードを添えるくらい。生野菜とともに盛りつけます。まさに忙しい時のお助けメニュー。この方法を見つけてから、鶏肉を焼くのがとっても気楽になりました。

# 鶏の「照り煮」

おかずとしてはもちろん、丼に、お弁当に……と日々活躍の場が多いのが鶏の照り焼き。皮はこんがり香ばしく、なのに身はふっくらジューシー。でもこれってお店、つまり炭火を使っての話です。同じ味を家でとなると、調理道具も違うしなかなかうまくいきません。

何より失敗の原因となるのが「漬け込んで焼く」という方法。使うのは醤油、みりん、砂糖、といずれも焦げやすい調味料なので、それらがついた状態の鶏肉は、加熱した途端あっという間に焦げ始めます。とはいえ鶏肉の厚さを考えると、そうすぐに火は通らないですよね。ではどうしたら？

## フランスの蒸し料理「ブレゼ」

まずは道具から。自宅で手軽に作るなら、やっぱりフライパンを（塩焼きなどなら余分な脂を落としながら焼けるグリルが◎）。そしてふっくらおいしい甘辛味の鶏肉にしたいなら、照り焼きにこだわらず、「照り煮」が作りやすいんです。

照り煮というと、要は、甘辛味の調味液で鶏肉を煮るということ。煮るといってもたっぷりの煮汁ではなく、鍋に浅く張った中で蒸し煮にし、仕上げにふたを取って煮汁を煮詰め、肉に絡めるという方法です。

実はこれ、フランス料理の調理法「ブレゼ」をアレンジしています。ブレゼとは、塊肉を少ない調味液の中で蒸し煮にしながらじっくり火を通すという料理。調味液に浸かっている部分は「煮る」という調理方法で加熱され、液から出ている部分は鍋の中の蒸気で蒸されて火が通ります。

本来のフランス料理では大きな塊肉を使い、1時間以上かけて作るものですが、ここは日本であり、食材は気軽な鶏肉。もう少し簡単に考えればいいのです。

## 蒸し上がった肉に強火で煮汁を煮絡める

使うのは、肉1枚が少し動かせるくらいに余裕のある22～26センチのフライパン。鶏肉の皮面を下にして入れ、中火にかけます。ここでの目的は焦げ目をつけることではなく、熱を加えて皮と身の間にある脂を溶かし、取り除くこと。加熱していくと脂がどんどんフライパンににじみ出るので、キッチンペーパーで吸い取りましょう。

その後、醤油、みりん、甘めが好みな人は砂糖といった調味料、そして焦げないよう少量の水も入れます。鶏肉が半分程度浸かっている状態が目安です。ふたをして、大きめの鶏肉1枚なら約5分。

煮えたらふたを取って火を強め、煮汁を思いっきり沸かしましょう。煮詰めながら肉を時々返し、煮汁を肉に絡めていきます。

水分がなくなる頃には鶏肉は醬油色に煮上がりますので、火を止めます。もちろん身はふっくら。ここで熱々をすぐに切るとせっかくの肉汁が流れ出てしまうので、一息待ってから切りましょうね。

## 鶏の照り煮

**材料**

鶏もも肉……大1枚
（300グラム）
A［醬油、みりん……各大さじ2
　砂糖……小さじ1
　水……1/3カップ］
サラダ油……小さじ1

①鶏もも肉は余分な脂を除く。油をひいたフライパンに皮を下にして広げ、火にかける。温度が上がり脂が溶け出てきたら、キッチンペーパーで拭き取り鶏肉を返す。
②Aを加えて混ぜ、煮立ったらふたをする。5分ほど煮たら上下を返して強火にし、フライパンをゆすりながら煮汁がとろりとするまで煮詰める。

# ビーフステーキは、肉の厚みを定規で測る

ステーキ！　やっぱりちょっと嬉しい響きです。おそらく多くの人が好きな料理の一つではないでしょうか。私ももちろんその一人。なんだか元気が足りない時、無性に食べたくなります。

外食もいいけど、気軽に食べるならやっぱり家庭で上手に焼きたい。ただ厄介なのは、牛肉は火を通しすぎると硬くなってしまうこと。焼きすぎず、でも生ではない、ちょうどよいミディアム加減が何よりも難しいですよね。

焼き時間は、肉の状況によって変わります。ポークソテー用などと違い、ビーフステーキ用はさまざまな部位から作られるため、最適な厚さ、肉質、脂のつき方や量もさまざま。ステーキは焼く前にそこを丁寧に見ることが重要です。

まずは赤身が多いのか、霜降りなのか。厚さや大きさが同じ肉で比べると、霜降りの方が多少火の通りが早くなります。というのも、肉の中に網目状に入り込んだ脂が熱で溶けることで、その脂の熱伝導で肉にも早く火が入るから。一方赤身はそれがない分、フライパンの底面からの熱のみで焼くので、霜降りよりもゆっくり火が入っていきます。

## 肉の厚さと焼き時間の公式

次のチェック項目は厚さです。この厚さが、焼き時間を決める一番の肝になります。そこで私なりに作った、ミディアムレアに仕上げる焼き時間の公式がこちら。1センチの厚さなら裏表1分ずつ、2センチなら裏表2分ずつ。先述のように赤身が多ければもう少し長めに。もちろん目安ではありますが、プロの間で言われる「肉の表面の状況が変わったら裏返す」よりは、気が楽ではないでしょうか。

冷蔵庫から出した肉はしばらくおいてから、表面に塩（肉の重量の1パーセント弱程度でしっかり味に。ポン酢や醤油で食べる場合は控えめに）を振ってすぐに焼きます。

油をひいたフライパンを強めの中火でしっかり熱し、肉を入れたら触らずにタイマーとにらめっこをしながら返す時間まで待つ（動かすといい焼き色がつきません。焼き具合にも影響が出るので決して動かさないこと）。

肉がかなり厚い場合は焦げないように途中で火加減を調節しながら、そのまま焼き上がるのをじっと待ちましょう。

## 焼いた後に休ませる

もう一つ大事なのは、フライパンの中で「ちょうどいい焼き加減」にしてしまわないこと。焼き上げた肉は、すぐに包丁を入れると肉汁が切り口からいっせいに流れ出てしまうため少しの間おいておく必要があります。かといってそのままおいておくと、余熱でどんどん火が入ってしまいます。

だから、焼く時は少し控えめに火を入れ、取り出してホイルで包み、そのままおいておきましょう。時間は焼き時間と同じくらいでOK。そうすることで、肉表面の熱が外に放出されるのではなく、うちへうちへ、と冷めることなくじっくり肉の中まで入っていきます。こうして、ミディアムレアに仕上げるのです。

好みで黒こしょうを振ったり、ニンニクチップやつけ合わせを添えて食卓へ。ジューシーな焼き加減のステーキが、家庭の食卓で気軽に味わえるはずですよ。

# ハンバーグの肉だねの練り方2種



ハンバーグは、たねの練り方が大きく2種類あるのをご存知でしょうか。

我が家の定番は、つなぎとひき肉をしっかり練って、その後に生のみじん切り玉ねぎをさっくりと合わせるタイプ*。食感がプリッとジューシーに仕上がり、息子たちも大好物でした。一方、時には別のタイプの生地を作ることもあります。ひき肉は練らず、つなぎとともにヘラで簡単に混ぜ合わせる程度にして、炒め玉ねぎと合わせるソフトタイプ。ひき肉がつぶれないので、ほろっとやわらかいのに噛み締めると肉感が強い。欧米ではこのタイプが主流です。

そもそも、「硬くなる」「肉汁が出ちゃう」などハンバーグがいまいちうまくいかないという人は、この練り方が中途半端になっているのではないでしょうか。よく練った肉だねは、ひき肉が潰れてペースト状になり、焼いた時に膜ができてその内側に肉汁が詰まった状態になります。一方練るのを最低限にして焼いた場合、肉汁の膜ができない代わりにひき肉一粒一粒がいわばステーキのように焼き上がる。つまり、中途半端に練った状態のたねを焼いてしまうと、中途半端につぶれたひき肉から肉汁が流れ出てしまうというわけです。

## ふたをするのは前半に

続いて焼き方です。私が一番好きなのは、お店でよく見かける強火にした鉄のフライパンで生地の表面のみを焼いた後、オーブンで焼く方法。オーブンの熱でじっくり火を通すことで表面はカリッとし、中から水分も抜けずにふんわりジューシーに焼き上がります。が、もちろんフライパンのみだって大丈夫。その場合、ふたの使い方がポイントになります。

フライパンに油を熱してたねを焼き始め、ふたをしてパチパチと音がし始めたら弱火で5〜6分じっくり蒸し焼きにします。底面にしっかり焼き色がつき、上面が白っぽくなったら上下を返し、ふたをせずに4〜5分、こんがり焼き目をつけるという方法です。これなら外は焼きすぎ、中は生焼けなんてこともありません。

ちなみに、一般的なレシピは最初に両面に焼き色をつけ、上下を返してからふたをして蒸し焼きにするというものかもしれません。でもこれでは、せっかく焼き目をつけてできた香ばしさが、蒸し焼きにすることでなくなってしまう。テフロン加工のフライパンが出回る前、表面を焼きつけないとくっついてしまう鉄のフライパンが主流だった時代の焼き方が、残ってしまっているのだと思います。

それから、ポークソテー（26ページ）などと同様に、肉を焼いている間はできるだけ触らないこと。上下を返すまでは極力触らず、肉汁をちゃんと閉じ込めましょう。

## 家族の食事時間がバラバラなら煮込みに

焼き上がったハンバーグはいったん取り出し、フライパンの余分な脂をペーパーで取ってから、ソース、ケチャップ、粒マスタードを少しプラスして混ぜ合わせて温めればおいしいソースになります。さらに本格的にするなら、玉ねぎのみじん切りと好みのキノコを炒めたところに赤ワインを入れてしっかり煮詰め、市販のデミグラスソースを加えて煮立ててもおいしい。

あるいはシンプルにマスタードだけでも、おろしポン酢でも。軽め重めとソースを変えるだけで、いろいろな味わいを楽しめるはず。

上手に焼くのが難しい人や、家族の帰宅時間がバラバラで焼きたてを提供できない場合は、煮込みハンバーグが断然おすすめ。ハンバーグをあらかた焼いて取り出したフライパンに、先述のソースの材料の赤ワインを入れてしっかり煮詰め、多めのデミグラスソースと、その半量くらいの水を入れます。そこにハンバーグを戻してさっと煮るだけ。うまく焼けずに表面が硬くなることもなく中までちゃんと火が通るので、失敗することもないし、時間が経って再び温め直してもおいしさはキープできますよ。

＊

## ハンバーグ（よく練るタイプ）

### 材料

あいびき肉……２００グラム
玉ねぎ（みじん切り）……1/2個
A　パン粉……大さじ2
　牛乳……大さじ１1/2
　卵……1/2個
　塩……小さじ1/2
　こしょう……少々
　ナツメグ（あれば）……少々
サラダ油……適量

①ボウルにAを入れて混ぜる。パン粉がふやけたら、あいびき肉を加えて全体をなじませ、たねをボウルにこすりつけるようにして粘りが出るまでしっかり練り混ぜる。玉ねぎのみじん切りを加えて練らないように均一に混ぜ合わせる。

②半分に分けて手で丸く形作り、両手のひらを往復させて空気を抜く。厚さ2センチほどの小判形にし、中央をしっかりへこませる。

③フライパンにサラダ油を熱して②を入れ、ふたをして焼く。温度が上がってパチパチと音がし始めたら弱火にして５～６分、ふたを外して上下を返し４～５分焼く。

# 餃子のあん＝水を抜いた野菜＋水を足した肉

子育て最盛期には一食で１００個以上（！）餃子を作っていた我が家。息子たちも独立し、夫婦二人ですさすがにそれはなくなりましたが、やっぱり餃子は時々食べたくなる。なんといっても好物ですから。

私はキャベツで作りますが、白菜派の方も多いですよね。そこに、香りや風味のためにニラやショウガ、ニンニクを好みの量で。もちろん肉は豚ひき肉です。そう、餃子の材料って案外手近なものばかり。その気になればすぐ作れる料理なんです。

## ベチャベチャにならないあんの秘訣

まずはあんの話から。大事なのは、野菜からできるだけ水分を抜き、肉にできるだけ水分を含ませること。野菜からあらかじめ水分を抜いておけば、調味料（塩分）や肉と合わせた後にじわじわと水気が出て、包んだ後に皮が破れるという悲しい状況が回避できます。でも、水分がなくなったらジューシーさはどうやって？　実は水分は肉に含ませるのです。豚ひき肉は水を抱き込む性質を持っています。含ませることで、もそもそとしたひき肉がジュワッとジューシーになるのです。

野菜から水分を抜くためには、塩もみした後さっと塩気をゆすいで水気をぎゅっと絞るか、刻んだ後にゆでてしっかり絞ります。私は食感が残る方が好きなので、塩もみにします。

肉に入れる水分は、調味料と水。肉１００グラムに対し、醬油大さじ１、酒、ごま油各小さじ２、水大さじ１1/2と結構な量が入ります。そんなに多いと肉にしっかり水分が混ざらないでしょう？と思われるかもしれません。それにはテクニックがあります。

ひき肉は、餃子の場合は少し脂が多めのものを選びましょう。そこに調味料を一気に入れるのではなく、一つ加えたらその都度しっかり練り混ぜるのを繰り返す。お菓子作りの際、やわらかくしたバターに卵液を少しずつ入れることで分離を防ぐのと同じ感覚です。

水分が混ざりきったひき肉は粒がほぼ見えなくなり、ふわっとした状態に。ここに水気を絞った野菜を加え、ふんわりと混ぜるのです。

やわらかく、でもベチャベチャしていないあんは、とても包みやすい。包んだ後も水気がにじみ出てこないので皮がすぐに破けることもありません。

ところであんを皮に包む時、ひだを上手につけることに気を取られていませんか？　ひだをつける理由、それは見た目のためではなく（だって盛りつけの際はひだを下にするでしょう）、焼き目をつける底面を作るためです。

ひだをつけることで皮が寄せられ、自然と底部分ができます。この底部分をフライパンの面にしっかりつけて焼くからこそ、底がカリッと焼けておいしいのです。

## 「焼き物」であり「蒸す」「ゆでる」料理

香ばしく焼けない、皮が硬くなる。餃子を焼く時に失敗してしまう人が多いのは、餃子が単に「焼き物」であるだけでなく、「蒸し・ゆで・焼き物」だということが、案外周知されていないからだと思います。

フライパンに油をひいて中火にかけ、餃子の底面をしっかりつけて並べます。ここが大事。底面が白っぽく少し焼けてきたら、熱湯を餃子の高さの半分程度（あんがほぼ浸かるくらい）まで注ぎ、ふたをします。しっかり煮立たせながら待つこと数分。実はこれ、あんの部分をゆでている状態です。こうすることであんにしっかり火が通ります。さらに熱湯から出ているひだの部分もフライパン内の蒸気でしっかり蒸され、プリッと火が通ります。皮が硬くなる原因は、この時の水分量が少ないということです。

ひだの部分まで透き通って火が通ったら、ふたを取り、残った水分を飛ばしていきましょう。グツグツという音が、徐々に水気がなくなってパチパチという音になってきたら、やっと底面が焼かれ始めるサイン。しばらくして香ばしい香りがしてきます。少し底面を持ち上げてよい焼き色がついていたらOK。よりカリッとさせるために、フライ返しなどで餃子をフライパンからはずし、油を鍋肌から差して底面全体に回して少し待ちます。

あとは焼き面を上にして皿に盛るだけ。ラー油、酢醤油、酢こしょう、お好きな調味料で召し上がれ！

## 焼き餃子

材料（24個分）

餃子の皮……1袋（24枚）
豚ひき肉……100グラム
キャベツ……3枚（150グラム）
ニラ……3本
長ねぎ……3センチ
おろしショウガ……小さじ1/2
A 醤油……大さじ1
　酒、ごま油……各小さじ2
　砂糖……小さじ1
塩……小さじ1/2
サラダ油……適量

①キャベツは細かいみじん切りにし、塩を振ってよくもむ。しんなりして水気が出たら、さっと洗って水気をしっかり絞る。ニラは小口切りに、長ねぎはみじん切りにする。

②ボウルに豚ひき肉、おろしショウガを入れ、Aを入れながら、その都度しっかり練り混ぜる。水大さじ1 1/2を少しずつ加えながらよく混ぜ、ふんわりとやわらかくなったら①の野菜を加えさっと混ぜる。

③餃子の皮に24等分にした②を包む。

④フライパンにサラダ油を薄くひいて③を並べ、火にかける。底が焼き固まってきたら熱湯を1センチの高さに注ぎ、ふたをして3分ほど焼く。ふたを外し、湯がなくなりパチパチと音がしたらフライ返しなどでフライパンからくっついている餃子を外し、鍋肌からサラダ油（ごま油でも）大さじ1/2を回し入れる。軽くフライパンを揺すって油を餃子の底に回し、パリッと焼き上がったら焼き面を上にして皿に盛る。

# オムレツはスクランブルエッグを薄焼き卵で包んだもの

きれいな木の葉形、美しい黄色。ナイフを入れれば中からやわらかい卵がとろり……。理想のオムレツってこんな感じでしょうか？

理想のオムレツ。実はそう簡単には作れません。有名ホテルの朝食で出てくるものは、鍛錬された料理人の技によって作り出されるものなのだから。でも、卵2個さえあれば気軽に作れる料理でもあります。ホテルのものまでいかずともそこそこ上手に作れたら嬉しいですよね。皆さんが求めるオムレツの、諦めたくないポイントを探りたいと思います。

## 理想のオムレツの作り方

まず理想のオムレツがどうやって作られているか、から。

オムレツには最低2個、できれば3個の卵があれば安心。ボウルに卵を割り、箸で卵白を切るように混ぜます。卵白が混ざりきらないと、でき上がったオムレツが白と黄色のツートーンになるので、ここはしっかり混ぜましょう。そして塩、こしょう、お好みで牛乳少々。コクが欲しければ生クリームなどを入れても。

そして、フライパンのサイズも大事。2～3個の場合は直径20センチが最適です。大きなフライパンでは、あっという間に全体に火が入って卵焼きのようになってしまいます。最近は煮込みなどにも使えるよう深めで丸みを帯びたフライパンも見られますが、オムレツなら従来の浅いタイプがおすすめです。

油かバターをフライパンに入れて熱し、卵液を一気に加えます。火は強めの中火。その後、フライパンを前後に細かく揺すりながら、箸で全体をかなり手早く混ぜ続けてスクランブルエッグ状にします。とろっとなったら2〜3秒混ぜるのをストップ。これが大事！　この2〜3秒で、フライパンの底に密着している部分が薄く焼けるんです。箸をストップしないと膜ができないので、形を整えることができません。

その後すばやくフライパンの柄を持ち上げ、薄焼き卵でスクランブルエッグを包むように木の葉形に整えていきます。フライパンの柄をこぶしでトントンたたきながらオムレツを手前に転がし、半回転させとじ目を焼き、さらに半回転させて皿をかぶせ、フライパンを返してオムレツを皿に盛りつけます。

焼き始めからできあがりまで1分ほどの作業。技術あっての賜《たまもの》なのです。

## 3秒待って薄い膜を作る

さあ、家庭で気軽に作れる方法です。理想のオムレツの諦めたくないポイント、つまるところオムレツの一番の魅力は、薄焼き卵に包まれたとろりとやわらかなスクランブルエッグではないでしょうか。

「解きほぐした卵をフライパンに入れて速いスピードで一気に混ぜ、2〜3秒待って薄焼き卵を作る」。ここまではプロと同じ。その後の「フライパンを傾けてすばやく木の葉形にし、柄をたたいて……」、この作業が至難の技なんですよね。

それならば、「薄焼き卵でスクランブルエッグを包む」ことに専念してはどうでしょう。2〜3秒待ったらフライパンを左右どちらかに傾けて、薄焼き卵でとろとろ卵を包むようにフライパンの隅に卵を集めます。あとは軽く形を整えるだけ。フライパンを持つ反対の手で皿を持ち、フライパンを返すようにしてオムレツを皿の中央に盛りつけます。

きれいな木の葉形とは少し違うけれど、とじ目を焼いていないので、スクランブルエッグが中からはみ出るかもしれないけれど。やわらかさはかなり理想に近づいたはず。最初はこれで十分。もちろん、何度も作るうちに少し余裕が出てきたら、プロのように形を整えることにも挑戦できるでしょう。

繰り返し練習することが、オムレツ上達のための最高にして最速の方法なのですから。

## 外国のオムレツはおおらか

ところで、欧米の方なら理想のオムレツを作れると思ってはいませんか？　いえいえ、欧米の家庭のオムレツはホテルのようなきれいな黄色の木の葉形ではなく、むしろおいしそうな焼き色がついていたりします。中に具を入れることも多く、その場合はオープンだったり半分に折りたたんだり。でも、そんな場合も中はやわらか。形よりもやわらかさが何よりも大事なのです。

具を入れる場合は、とろとろになるまでかき混ぜ2〜3秒待つ間に具をのせます。チーズ、ハム、炒めたマッシュルーム……。これを同じように包むだけ。この場合、具は入れすぎないことが成功の秘訣です。具だくさんで食べたいなら、無理に卵に包まずに、できあがったオムレツに添えて一緒に食べればいいのですから。

オムレツの真髄が、スクランブルエッグと薄焼き卵のコンビネーションだとわかれば、形にこだわる必要はなく、もっと気楽に作れるのではないでしょうか。

# だし巻きのだしの量の最適解

箸を入れるとふわっとやわらかく、口に入れるとじゅわっとだしがあふれるだし巻き卵。関西では多めのだしに淡口醤油や塩で味つけし、だし巻きとも呼ばれます。対して関東は少なめのだし（もしくは入れずに）に濃口醤油と砂糖の味つけが多いです。関西は、薄焼き卵をくるくる巻き、それを繰り返して大きくしていくイメージ。関東の卵焼きは厚焼き卵とも呼ばれるように、卵焼き器に多めの卵液を流し入れ、じっくり焼き目がつくまで焼き、厚く巻いて作ります。ここでは関西の作り方をベースにお伝えします。

## だしは卵に対し1/4量がベスト

やわらかく、だしがあふれるようなプロの料理人が作るだし巻きは、卵の半量ほどのだしが入っています。この量だからあの食感になるのです。ただ、これほど入ると卵液がかなり緩くなり、焼いてもかちっと固まりにくい。最初は卵の1/4量程度（卵3個に対してだし大さじ3が目安）から始めるといいでしょう。家庭用の卵焼き器なら卵3～4個が作りやすいです。

ボウルで卵とだしを混ぜる時は、先に卵だけをしっかり溶きほぐして卵白と卵黄が完全に混ざってからだしを入れること。一緒に混ぜてしまうと、卵白が混ざりにくくなってしまいます。面倒でもここは大事。

きちんと混ざった卵液に、淡口醤油で味をつけます。薄口がない場合は、濃口醤油を香りづけ程度に少量入れ、あとは塩で好みの味に調えましょう。

どうしてもだしをたっぷり入れたい、でもそれでは、やわらかくて焼きにくい……。そんな時には、少量の水溶き片栗粉を加える方法もあります。水溶き片栗粉は火が入った時に卵液を固めやすくしてくれるので、俄然巻きやすくなります。ただ、できあがりはやわらかさを保てますが、だしがしみ出るじゅわっとした食感は多少薄れてしまうので、あくまでもお好みで試してみてください。

## 弱めの中火でゆっくりと

さあ、焼いていきます。テフロン加工の卵焼き器ならキッチンペーパーに染み込ませた油を薄く馴染ませてから火にかけます。鉄や銅の場合は、温めてから同様に油をひきます。

卵液をつけた菜箸の先を油につけてジュッと音がしたら、卵液を流し入れましょう。火加減は弱めの中火程度で、焦がさないようにゆっくりと。

卵液を流し入れたら、箸を使って奥から手前へ巻いていきます。フライ返しを使うなら手前から奥でもＯＫ。ここで重要なのが、必ず表面が半熟の間に巻いていくこと。表面が固まってしまうと巻いた時に卵がくっつかず、薄焼き卵が巻かれているような状態に。切ると卵がはがれ、巻きがほどけてしまうなんてことにも。

最初は３センチ幅程度で卵を返し、それを芯にして巻いていきましょう。巻き終わったら卵を奥に寄せ、再度油をキッチンペーパーで薄く塗り、卵液を流し、奥の卵を持ち上げて端まで広げてまた巻く……これを卵液がなくなるまで繰り返してできあがり。形をきれいに整えたい場合は、ラップでくるんでしばらくおくといいですよ。

### 具は小さく

シンプルなだし巻きもおいしいですが、具を少し入れてもまた楽しい。定番の青ねぎの小口切りや刻んだ三つ葉以外にも、しらすやカニのほぐし身、鶏そぼろなどもよく合います。卵液に混ぜ合わせて同様に巻いていきましょう。ここで大事なポイントは、大きな具ではなく、卵に入れて巻く際に邪魔にならないような小さな具を選ぶことです。

# 家の煮魚は味が染みないでいい

肉と違い、じっくり煮ようとしたら身が煮崩れてしまいボロボロに……などという残念な声も耳にする煮魚。でも実のところ、長く煮て味を含ませる料理ではなく、ちょうどよく火が通った魚においしい煮汁をつけて食べるもの。短時間でさっと火を通すものなのです。

さっと作れるうえ、煮ておいておける煮魚は、時間差で食事をする家族がいるなら帰宅後に軽く温めるだけでいい、実は助かる料理だと思います。

## 魚の下ごしらえ

煮つけの代表である白身のカレイ、青魚ならサバ、一尾ならメバル……。なにも自分で魚をおろしてまで頑張らなくても、切り身で煮魚用のものを用意すれば、あとは煮るだけ。煮魚に骨つきや一尾を使うのは、骨や頭の旨みが煮汁に広がってよりおいしくなるからです。

まずは下ごしらえから。今の時代、うろこも内臓も、大抵処理がされて売られているはず。買ってきたら、霜降りにして残っているうろこや血合い、くさみを取ります。

鍋に湯を沸かし、横には水を張ったボウルを用意。網じゃくしなどに魚を一切れずつのせてさっと湯にくぐらせ、すぐに水に落として水洗いし、キッチンペーパーで拭きましょう。くれぐれも切り身を全部一気に鍋に入れないこと。水に落とした切り身の表面を指でこすると、取り切れていなかったうろこや血合いがきれいに取れます。また、先に下ゆですることでくさみも抑えられます。

ちょっと面倒ですが、おいしさにつながるとっても大事なひと手間です。

## 落としぶたの効用

鍋は魚がちょうど入るくらいの大きさがベスト。私の場合は浅めが作業しやすいのでフライパンで煮ることも多いです。

まず、調味料（醤油、酒、砂糖、みりん）と水を入れます。青魚などくさみが気になる魚は、ショウガやねぎ、梅干しなどを一緒に入れるといいですね。中火にかけ、煮立ったら魚を入れて落としぶたをします。

この落としぶたが実は大事。落としぶたの下側に、煮立った煮汁が当たって魚にかかり、落ちた煮汁がまた煮立ってふたに当たって魚にかかり……と繰り返すことで、少ない煮汁を全体に行き渡らせ、煮崩れも防いでくれるという優れもの。アルミホイルやクッキングシートを使ってもＯＫですが、鍋の大きさに合わせて丸くし、中心も丸く切り抜いてくださいね。でないと、煮ている間に浮いてきてしまって落としぶたの役割をなさないことに。

## 煮るのは短時間。味は染みなくていい

さあ、いよいよ煮ていきましょう。魚は火通りが早く、骨なしの切り身なら煮立ってから4〜5分（骨ありなら7分ほど）も煮れば十分。煮すぎると、水分が出てパサつき、身も痩せて崩れやすくなってしまいます。

もちろんそんな時間では、味は染みませんね。でも、それでいいのです。魚を器に盛り、鍋に残った煮汁はとろりとなるまで煮詰めて魚にかけるだけ。ふっくら煮えた身をほぐしつつ、魚の旨みやゼラチンが溶け出た煮汁に絡めれば、そのおいしさは格別なはず。

もしお店のように味を染み込ませたいということなら、食べる時間の半日ほど前に、濃すぎない、ひたひたの量の煮汁で煮ます。落としぶたはせずキッチンペーパーを表面に張りつけ、ふたは少し隙間を開けてかぶせ、4〜5分煮て、その煮汁につけたままおいておきましょう。食べる時にさっと温めて食卓へ。冷めていく過程で徐々に味が染みて、さらにおくことで煮汁の味がしっかり身に入っていく。どちらもそれぞれの味わいがありますよ。

## カレイの煮つけ

**材料**

カレイ（切り身）……２切れ（約２５０グラム）

煮汁
- 醤油、酒、みりん……各大さじ２
- 砂糖……大さじ１
- 水……3/4カップ

ショウガの薄切り……２枚（好みで）

①カレイは熱湯を回しかけてさっと霜降りにする

②小さめのフライパンに煮汁の材料を入れて沸かし、カレイを入れる。スプーンで煮汁を数回かけ、落としぶたをして５～８分煮る。

③魚が煮えたら器に盛る。残った煮汁を強火で煮詰め、とろっとしたら魚にかける。

# 家の麻婆豆腐は最低限の調味料で

豆腐をしっかり食べたいな。でも気分は、冷奴でもなければ湯豆腐でもない。そんな時は麻婆豆腐を作ります。白いご飯に合う、晩ごはんのおかずとして理想の一皿です。

最近は、スパイスやごま油がたっぷりの刺激的で濃厚なものが流行していますね。でもその昔、料理雑誌などで中国料理の料理人が家庭料理向けにアレンジしたものは、もっとシンプルで穏やかな味わいが主流でした。その理由は調味料。当時は、豆板醬も甜麺醬も豆豉醬も、もちろん花椒も、一般には流通していなかったから。当時のレシピを見ると、豆板醬の代わりに普通の唐辛子、甜麺醬の代わりに味噌と砂糖。あとはショウガとニンニク、ねぎとごま油。要するに、豆腐と豚ひき肉さえ用意すれば、家庭で気軽に異国の味わいを楽しめる。そんなレシピだったからこそ、ここまで日本の家庭料理として定着したのだと思います。

今ならどれも気軽に手に入るものですが、家庭ならそこまでこだわらずとも最低限の調味料で。我が家の日常では、そういう麻婆豆腐が多いです。

## 豆板醬と甜麺醬はじっくり加熱してこそ

最低限の調味料とは、豆板醬と甜麺醬の二つ。豆板醬は、唐辛子を発酵させたものなので唐辛子のみより香りや深みがぐっと増します。甜麺醬は味噌と砂糖で代用もできますが、これを使うだけで深い味わいになります。

そしてこの二つのおいしさを引き出すために大事なこと。それは、油の中でじっくり加熱すること。フライパンに油を入れ、ニンニク、ショウガのみじん切り、そして豆板醬を入れてから弱火にかけましょう。ここでじっくり温度を上げることで、素材の味わいが油にゆっくり染み出ていく。辛さにプラスして豆板醬の深みがニンニク、ショウガの旨みとともに染み出て、おいしい油になるのです。

なので、熱した油の中にこれらを入れることはしないように。熱い油で豆板醬などが揚げ固まってしまいます。

こうしてしっかり香りが出た油に、豚ひき肉を入れてぱらりとなるまで炒めたら、甜麺醬の登場。甜麺醬も、少しの間炒めてから、次に進めることが大事。炒めることで香りが引き出され、コクのある仕上がりになります。続いて水を注ぎ、醬油で味つけしてひと煮立ちさせましょう。好みで鶏がらスープの素や砂糖、酒を加えてもいいですね。

## 木綿か絹ごしかは気分で

さあ、肝心の豆腐の話。水分の多い豆腐は、塩分濃度の高い調味料の中に入れると水気がどんどん出てしまうので、基本的にはあらかじめ水切りをしたりさっとゆでて水分を出してから加えます。水切りする時間がない！　そんな時には水切りなしでもＯＫですが、豆腐から水気が出ることを想定して、加える水を控えめにしたり調味料を少し多めに調整しましょう。

それから多くの場合、豆腐は木綿を使いますが、最近はのど越しや口当たりのよさから絹ごしを使う人も増えているようです。我が家でも２種類を使い分けています。

しっかり濃厚な仕上がりにしたい時は、硬めの食感で味わいも濃い木綿を、とろっとやわらかめなものを食べたい時は、口当たりのよい絹ごし、という具合です。

## 豆腐にも調味料の味を含ませる

麻婆豆腐は、軽く煮込んで豆腐に味を馴染ませてこそおいしいもの。だから、豆腐を入れたらすぐとろみをつけるのではなく、火を弱めて２分ほど、豆腐に火が入ってふっくらし、調味料を吸ったところに水溶き片栗粉を加えます。一気にではなく、何回かに分けて。好みの硬さにとろみを調整しましょう。

仕上げにねぎのみじん切りを加え、さっくりと混ぜればできあがり。混ぜる時に隠し味程度の酢を加えると、きれいな味わいになりますよ。

ちなみに、絹ごし豆腐を使う場合は加えるタイミングを変えましょう。仕上げではなく豆腐を加える前にとろみをつけるのです。

絹ごし豆腐は加熱するととてもやわらかくなるので、水溶き片栗粉を入れて手早く混ぜると粉々に……。なので、とろみをつけた中に豆腐を投入し、ゆっくり火を通します。もしも豆腐から水分が出てとろみが薄くなるようなら、水溶き片栗粉をもう少し。あとの仕上げは木綿と同様です。

また、豆豉醤がある人は甜麺醤の後に加え、ひと混ぜしてから水や調味料を。花椒はパウダーのものを仕上げに加えると、より本格的な一皿に。ボリュームを出したい時はひき肉を少し多めにして木綿豆腐でがっつり。さらっといただきたい時は、あんを多めにして絹ごし豆腐でするりと。

作り方は一つではありません。気分でいろいろアレンジできる麻婆豆腐は懐の深いおかずなのです。

# 麻婆豆腐

材料

- 木綿豆腐……1丁（300グラム）
- 豚ひき肉……80グラム
- 長ねぎ（みじん切り）……大さじ2
- ニンニク（みじん切り）……小さじ1
- ショウガ（みじん切り）……小さじ2
- 豆板醤……小さじ1/2
- 甜麺醤……小さじ2
- A
  - 水……1/2カップ
  - 醤油、酒……各大さじ1
  - 砂糖……少々（好みで）
- 水溶き片栗粉（片栗粉小さじ2、倍量の水）
- サラダ油……大さじ1
- 酢……小さじ1
- ごま油……小さじ1/2

①フライパンにサラダ油と豆板醤、ニンニク、ショウガを入れて弱火にかける。香りが立ってきたら火を強め、豚ひき肉を加える。肉を押しつけるように炒めて焼き色がついたら甜麺醤を入れ、さらに30秒ほど炒めてからAを加え、しっかり煮立たせる。

②水切りして角切りにした木綿豆腐を加え、沸いてきたら弱火にして2分ほど煮る。長ねぎを加え、水溶き片栗粉を2～3回に分けて回し入れながら手早く混ぜる。とろみがついたら酢、ごま油を加え混ぜる。

# 肉じゃがは、だしを使わない方がうまくいく

肉じゃがといえば、肉とじゃがいも、あとは玉ねぎ、にんじん、しらたきなどを足して甘辛く煮た〝おふくろの味〟。実は関西と関東とで肉の種類が違うのをご存知でしょうか。

私が生まれ育った関西では牛肉が基本でしたが、関東では豚肉がスタンダードですよね。昔、北関東を中心に養豚がさかんに行われた背景があるとか。逆に関西は、牛肉から食肉文化が始まったからだそうです。

## じゃがいもを上手に煮るコツ

そんな肉じゃがのミッション、それはじゃがいもをおいしく煮るということ。味をしっかり染み込ませようと煮続けると崩れてグズグズになってしまうし、強火だと表面のみが溶けてしまう……。簡単そうで案外うまくいかないのが肉じゃがのやっかいなところ。

一般的な作り方は、具材を油で炒めてだしと調味料を加えて煮るものですが、私はちょっと違う作り方をします。それは「蒸し煮」という方法。

たっぷりのだし汁と調味料で煮るとどうしても煮崩れしやすくなるので、味を染み込ませることにこだわらず、甘辛い味をじゃがいもの表面にまとわせるのです。煮汁の量はミニマムだから崩れにくい。味は染みていないもの

の、表面に味がついた甘辛いじゃがいもを崩しながら、一方で味がしっかり入った肉ととろりと煮えた玉ねぎを絡めて食べる、そんなイメージです。

## 少ない煮汁で「蒸し煮」に

野菜は食べやすく切ります。あと必要なのは、肉と調味料のみ。鍋にサラダ油をひいて中火にかけ、玉ねぎ、にんじん、じゃがいもを入れましょう。全体を混ぜていったん火を止めます。この上にふたをするように肉を広げてのせます。肉全体に砂糖をまんべんなくかけ、酒、みりん、醤油の順に回しかけてふたをし、中火で蒸し煮に。調味料と合わさった肉の旨みが落ちて野菜に染み、肉には砂糖を先に振ることでしっとり仕上げます。

この時、具材が煮汁に浸かっているのは具材の半分以下の状態。水やだしは入れず調味料と野菜から出る水分だけで鍋内を蒸気でいっぱいにし、じゃがいもを煮るのではなく、蒸すのです。そうすれば、じゃがいもは煮崩れることもなくほくほくに。途中で一度全体を混ぜ、さらに加熱。蒸し上がったらふたをあけて鍋底から全体をざっくり返し、強火にして煮汁を具材に絡めながら煮詰めていきます。

つゆだくの汁で煮たものとは一味違いますが、ほくほくのじゃがいもと甘辛味がご飯にとてもよく合う、おかず感がしっかりした肉じゃがです。

多くの店の肉じゃがは仕込みの際に大量に作って煮崩れる前に火を止め、そのまま煮汁に浸けておくことで味を染み込ませますが、家庭の場合は作ったらすぐに食べたいのでこの方法で作ると少し残念な仕上がりになりがち。

煮物と一口にいっても、煮浸し、炒め煮、煮っ転がし、旨煮……と方法はさまざま。今回紹介した肉じゃがはいわば煮っ転がし。芋類やカボチャなどのデンプン質で水分が少なく、煮崩れしやすい野菜に最適な方法なのです。

## 肉じゃが

**材料**（作りやすい分量）

| | |
|---|---|
| 牛こま切れ肉 | 150グラム |
| じゃがいも（男爵） | 3個 |
| 玉ねぎ | 1個 |
| にんじん | 1/2本 |
| A 砂糖 | 大さじ2 |
| A 酒 | 大さじ1 |
| A みりん | 大さじ1 1/2 |
| A 醤油 | 大さじ2 |
| サラダ油 | 大さじ1/2 |

①じゃがいもは2～3等分に切り、水に浸ける。玉ねぎはくし形に切り、にんじんは小さめの乱切りにする。
②鍋にサラダ油を温め、水をきったじゃがいも、にんじん、玉ねぎを1分ほど炒めて火を止め、牛肉を広げ入れる。
③Aの砂糖を全体にかけ、酒、みりん、醤油の順に加える。ふたをして火にかけ、煮立ったら弱めの中火にし、途中で一度混ぜてじゃがいもにほぼ火が通るまで6～8分煮る。

# 八宝菜は三宝菜でいい

八宝菜＝野菜の中華風旨煮。豚肉、エビ、うずらの卵、白菜、筍、椎茸、にんじん、ピーマン……材料の多さのせいか、最近は家庭で見なくなった料理の一つかもしれません。

いえいえちょっと待って。そもそも八宝菜の「八」は「8種類」ではなく、「五目」の「五」と同様に「多くの」を意味する言葉。材料は当然8種にこだわる必要はなく、肉あるいは贅沢に作るならエビやイカなどのタンパク源に、数種の野菜を合わせればいいのです。

八宝菜のおいしさのポイントは、とろっとしたあんが絡んだ野菜。となると、白菜、なければキャベツなど葉物、豚肉までは欲しい。それに加え、歯応え要員としてピーマン、にんじん、筍あたりから、旨みのためにキノコ……この辺は好みでいいのではないでしょうか。

## 切り方を揃える

そう、台所の在庫を見ながら、豚こまや、時にカニカマだっていい。もっと気軽に考えましょう。ただし一つだけ大事なことがあります。それは、切り方です。

ポイントは、全ての材料の加熱時間が同じになるよう、大きさや厚みをできるだけ揃えること。白菜の葉がざく切りなら軸もそぎ切り、にんじんは薄切りにして火を通りやすく、ピーマンも同じくらいの大きさに。ブロッコリーを使うなら小房を半分に切る、パプリカはピーマンより厚みがあるので軽くそぎ切りにするなど。

## 炒めずに蒸し煮にする

そして、フライパンいっぱいの食材を炒めるとなると、こぼれやすいわ火の入りにムラはできるわで難しい。ならばいっそ、炒めなければいいのです。火の通り方が同じになるよう切り揃えた野菜は、油と少量の水で蒸し煮にした方が、短時間でむらなく火が通ります。フライパンに硬い野菜から順に重ね、上に豚肉などのタンパク源を広げていく。そうすることで、肉などの旨みが下がって野菜に移ります。香りづけにショウガのみじん切り、ごま油、少量の水を加えてふたをし、強めの中火で一気に蒸し煮にします。

豚肉などの色が変わり、野菜のかさが減った時が混ぜるタイミング。これなら野菜をこぼすこともなく、加熱ムラになることもありません。

味つけは、塩こしょうだけでシンプルに仕上げるもよし、少し醤油を利かせるのもよし。鶏ガラスープの素を使うとしっかりした味に仕上がります。

あるいは先にフライパンにごま油とショウガを入れて火にかけ、香りが立ってから材料を重ねて作ればコクのある一品に。

## 水溶き片栗粉の正しい使い方

中華風というと、とろりとしたあんがとても大事。

和食や中華のとろみづけといえば水溶き片栗粉です。片栗粉と水の割合は1：2。片栗粉は水に溶けずに沈澱するので、使う直前によく混ぜてから投入しましょう。

ここでもコツを一つ。よく「水溶き片栗粉を回し入れる」という言い方がありますが、回し入れることが重要なのではなく、むしろ反対の手に持ったヘラなどで鍋の中全体をしっかり混ぜ合わせることが大事なのです。そしてとろみがついてきたら、火をすぐに止めずにさらに沸々と煮立てます。そうすることであんが安定し、仕上がった後に野菜から出た水分でとろみが解けるということも少なくなります。

「野菜不足だな」「冷蔵庫に野菜が残ってるな」、そう思った時が作りどき。気軽に三宝菜くらいから作ってみてはいかがでしょうか。

## 三宝菜（四宝菜）

**材料**（作りやすい分量）

豚こま切れ肉……150グラム
白菜……300グラム
ピーマン……3個
にんじん（あれば）……約3センチ
ショウガ（みじん切り）……大さじ1/2
A 鶏がらスープの素、ごま油……各大さじ1/2
　水……1/2カップ
水溶き片栗粉（片栗粉大さじ1弱、倍量の水）
ごま油（仕上げ用）……大さじ1/2
塩、こしょう……各適量

①白菜は葉と軸を分けてそぎ切りにする。ピーマンは乱切り、にんじんは薄めの半月切りにする。豚肉は食べやすく切って塩、こしょうをする。

②フライパンに白菜の軸、にんじん、ピーマン、白菜の葉の順に重ね入れる。①の豚肉を広げてショウガを散らし、Aを加えて火にかける。沸いたらふたをして4分ほど蒸し煮にする。豚肉をほぐしながら全体を混ぜ、塩、こしょうで調味する。

③水溶き片栗粉を加えながら混ぜ、とろみがついたらさらに10秒ほどしっかり煮立て、仕上げにごま油を加えてざっと混ぜる。

＊三宝菜でも十分ですが、四宝菜にすればより華やかに、肉野菜炒めから脱却できます。

# 蒸し鶏は「塩糖水」でやわらかジューシー

冷蔵庫に蒸し鶏があるという安心感。野菜と盛り合わせて好みのタレをかければ立派な主菜に。薄く切って和え物の具にしたり、サンドイッチのハム代わりにも使います。

むね肉ならヘルシーでもありますね。ただ、パサつきやすいし、味がしっかり入っていないなんてことになりやすいのも事実。最近はサラダチキンなど市販品も多くありますが、いつでも簡単においしく作れる方法、知っていると便利ではないでしょうか。

## むね肉に便利な「塩糖水」

味わいの要は加熱前の下ごしらえにあり。もも肉、むね肉で方法は違ってきます。

もも肉は、肉の重量に対して1パーセント弱の塩、砂糖少々をすり込みます。肉の表面にざらつきがなくなるまでしっかりと。そして1時間以上、できれば半日以上おくと味が中まで入ります。

一方、もも肉より水分が多いむね肉は、肉にダイレクトに調味料をつけるとその塩分によって肉の水分が抜けてしまいます。パサパサと硬くなってしまうのはこれが理由。そこで、水、塩、砂糖を混ぜ合わせた液（私はこれを

「塩糖水」と呼びます。肉の硬い部分を食べるための欧米の調理法を元にしたもの。鶏むね肉1枚に対し、水1/2カップ、塩小さじ2/3、砂糖大さじ1/2を混ぜ合わせます）に一晩浸けるのです。[*1]

これらの塩や砂糖は、調味目的もありますが、それとは別にそれぞれ役割を持っています。

まず塩は、塩味をつける以外に肉の筋繊維をほぐして身をやわらかくする働きがあります。だからこそしばらくおいておくことが大事。そして砂糖は、味わいをまろやかにすることに加え、肉の水分を逃がさず保水するパワーを持っています。

塩と砂糖を肉にしっかり入れることで、味つけはもちろんジューシーでやわらかな仕上がりになるのです。

この塩糖水は、肉なら豚もも肉、魚ならカジキや鮭といった、加熱するとパサつきやすいものを浸けるだけで、しっとり仕上がりますよ。

## 「蒸す」と「ゆでる」を使い分ける

加熱する前に、水気をきって15分ほどおき、室温に戻します。

蒸す場合はフライパンが手軽です。[*2] 250〜300グラム程度の肉なら蒸気が上がってから7〜8分が目安。蒸気が立ったら肉の上下を返し、再びふ

たをして時間が来たら火を止めます。この時点では完全に火が通りきっていませんが、ふたをしたままそのまま冷めるまでおいて余熱で火を通します。

ゆでる場合は、鍋に鶏肉を入れてたっぷりかぶる水を加え、弱火にかけます。ゆるゆると湯が沸くまで待ち、しっかり沸騰したらふたをして火を止め、そのまま冷めるまで待つ。鍋の大きさは鶏肉2枚だと直径20センチくらいの深鍋が目安です。

蒸す方が手軽で味も抜けにくいですが、ゆでることでおいしいチキンスープがもれなくできあがります。季節や作る料理によってスープが欲しいと思う時、私は率先してゆで鶏にします。こんなふうに調理法を使い分けると、料理作りの幅が広がって楽しくなりますよね。

保存する場合は、完全に冷ましてから冷蔵庫で4日ほどが目安。ゆで鶏はスープと肉を分けてから保存容器に入れましょう。

特に暑い季節、これさえ冷蔵庫にあれば、キュウリなどの野菜を買って帰って冷蔵庫の鶏肉を切り、ごま味噌ダレ[*3]、梅醤油ダレなどを添えればもう晩ごはん。そうそう、暑い季節には冷やし中華なんていうのも悪くないですね。

＊1
浸けた状態で肉は5日、魚は3日冷蔵保存可能。長く浸けると味が濃くなるので、肉は3日、魚は2日で塩糖水を除く。なお、豚こま切れ肉などにも使え、その場合は半日浸けるとよい。

＊2
フライパン蒸しの方法：フライパンに酒大さじ2と水大さじ5を入れて鶏肉をおき、ふたをして火にかける。煮立ってきたら上下を返し、ふたをして弱めの中火で7分ほど加熱。火を止めてそのまま粗熱が取れるまでおく。

＊3
**ごま味噌ダレ**（作りやすい分量）
すりごま、味噌、酢各大さじ1、練りごま、砂糖各大さじ1/2を混ぜ合わせる。86ページの写真はピーラーで薄切りにしたキュウリと蒸し鶏を盛り合わせたもの。

# 手作りの焼売は胸やけしない

焼売といえば、買うのが当たり前と思う方も多いでしょう。でも、ひき肉と野菜、調味料などを合わせたたねを皮で包み、蒸すだけ。作っておけば冷凍も可能。晩ごはんだけでなく、お弁当に入っていると嬉しいアイテムなのに、ちょっともったいないな、と思う私です。

外でいただくものは片栗粉や脂分が多めの配合のものが多く、肉感が少なく硬かったり、食べていると濃厚でおいしいけれど、後から胸やけがしたり……。ならばやっぱり、自分の口に合う味をお家で作ってみませんか。

## 玉ねぎは肉の半量以上

まずは具材から。調味料以外の材料は、基本豚ひき肉と玉ねぎだけ。豚ひき肉は、あまり白すぎない、脂の量が普通くらいのものを選びましょう。アレンジを加えるなら、エビやホタテを包丁で細かくたたいて加えても。豚肉は旨みの強い肩ロースの薄切りなどを包丁でたたいて粗めのひき肉にして、食べ応えを出してもいいですね。いずれにせよ、合わせる玉ねぎはたっぷり、ひき肉の半量程度は入れた方がジューシーでおいしい。玉ねぎだけでなく筍やれんこんなどで食感を出したり、キノコ類で味わいを深めるのもおすすめ。

どれも玉ねぎ同様にみじん切りにします。

## 具を合わせるのは肉と野菜の下準備の後に

たねを混ぜ合わせる前に知っておきたいのは、餃子も焼売もひき肉ベースの具を小麦粉の皮で包んだものですが、この二つ、実は全く違うものだということ。

焼売のひき肉はしっかり肉感を出すため調味料のみを加え、餃子のように水分は加えません。そして野菜は、餃子のように塩もみで水分を抜くのではなく、片栗粉をまぶすことで加熱の際に出る水分にとろみをつけます。それが肉と合わさって焼売の独特の弾力となるのです。

つまり全ての材料をボウルの中で混ぜ合わせてしまうと、肉に片栗粉が混ざって食感は硬くなる。一方玉ねぎには片栗粉が直にあたらず蒸した時に水分が外に出てしまう。こうなると仕上がりが残念なものになってしまいます。

さあ、まずは肉の味つけから。ひき肉に醬油や砂糖、時にオイスターソースなどを混ぜ込みます。ここで練りすぎると仕上がりが硬くなってしまうので、混ざり合う程度でストップ。みじん切りにしたねぎやおろしショウガを加えれば、味わいが深まりますよ。

そして野菜には、片栗粉を多めにまぶしましょう。そうして下準備をした肉と野菜を合わせたたねは、くれぐれも練らないように。均一になるくらいまで軽く混ぜます。

## 〝蒸す〟ことの幸せ

皮の包み方は餃子より簡単です。焼売は、底と側面に皮があればいいのであまり難しく考えず、手のひらに皮と多めのたねをのせ、指を軽く丸めながら皮を立ち上げ、もう片方の手の指を使って軽く捻るようにしながら筒状にたねを包みます。その時に指の腹で底を作ると、蒸している時に倒れることもありません。

そしてあとは蒸すだけです。と、ここで蒸し器がないから電子レンジで……という声が聞こえてきそうですが、レンジはおすすめできません。焼売はたっぷりの蒸気があるからこそ皮がやわらかく蒸し上がるのであって、それがないレンジでは硬くなってしまいます。最近はフライパンや鍋に入る蒸し段も多いので、ぜひ蒸すということにこだわって作っていただきたいです。

蒸し段にオーブンシートを敷いて焼売をのせ、蒸し器にたっぷり湯を沸かして蒸し段をのせたら15分ほどでできあがりです。

ふんわりジューシーに蒸し上げた焼売を、熱々のうちに辛子醤油で食べるちょっとした幸せ。いったん蒸したら再加熱はレンジでもＯＫなので、少し多めに作って残りは冷凍しても。冷凍庫に手作り焼売のストックがあると思うと、忙しい日々でも心が少しホッとしませんか。

## 焼売

**材料**（30個分）

焼売の皮……1袋（30枚）
豚ひき肉……400グラム
玉ねぎ……大1個
長ねぎ（みじん切り）……大さじ2
おろしショウガ……小さじ1/2
片栗粉……大さじ4
醤油、ごま油……各大さじ1
オイスターソース……小さじ1

①ボウルに豚ひき肉、長ねぎ、おろしショウガ、醤油、オイスターソース、ごま油を入れ、軽く練り混ぜる。
②別のボウルにみじん切りにした玉ねぎを入れ、片栗粉をまぶして①に加え、混ぜ合わせる。
③30等分にして焼売の皮で包み、15分ほど蒸す。

→ p. 248

→ p.121

→ p. 71

# 具なしのふるふる茶碗蒸し

茶碗蒸しが大好物です。子どものころ、夕飯に出てきたら小躍りしていた記憶もあります。どこが好きかと聞かれたら、迷わず「ふるふるのところ」と答えるでしょう。そうなんです、当時の私、いや実は今でも具材にあまり興味はありません。かまぼこ、鶏肉、椎茸、時に銀杏やゆり根といった立派な具が入っているのが茶碗蒸しだけれど、実はこの具はどうでもよくて、ふるふるだけでいいのに、と思っていたぐらいでした。

## あんで味のアクセントを

ところが、大人になっていざ作るとなった時、ひと通り具材を用意していた自分がいました。具はいらないし面倒だと思いながらも、家族や食べる相手のことを考えるとやっぱり……。

でもある時、自分のために具なしの茶碗蒸しを作ってみたんです。さすがに大人の私には、ちょっと物足りない。でも、「待てよ、具ではなくて、要は味のアクセントが足りないのでは？」と気づき、味が濃い目のあんをかけてみたところ、それが大正解で、思わずガッツポーズ！　まるで薄い色のカラメルがのったプリンのような見た目の茶碗蒸しにしばらくハマっていましたが、そのうちそれが進化し、あんに鶏やエビのそぼろ、おろしショウガを混ぜたりするように。以来、我が家の茶碗蒸しは、この形が定番になりました。

## 卵：だし汁＝1：2〜3

こうなれば、材料はシンプルです。卵とだし汁と調味料だけ。器の大きさで必要量が決まるので、レシピというより配合で覚えましょう。溶き卵（卵Lサイズで60ミリリットル程度）：だし汁＝1：2〜1：3くらい。やわらかくふるふるな状態が好きな私は、1：3で。もう少し硬め、スプーンでちっとすくえるくらいが好きな方は、だしを2〜2・5くらいに。この卵液に、醤油、塩で薄めの味をつけ、ざるで濾して耐熱容器へ。具を入れるなら、この時に入れてくださいね。

器は茶碗蒸し用でなくとも、マグカップや湯呑みなど一般的な陶磁器なら問題ありません。ふたがなければ、アルミホイルをそれぞれの器にかぶせましょう。

## 蒸し器がなくても

さあ、いざ蒸すわけですが、蒸し器がなくても大丈夫。鍋で茶碗をゆでるように加熱する「地獄蒸し」にすればいいのです。その方法はいたって簡単。鍋にキッチンペーパーや布巾を器保護のために一枚敷いてから卵液を入れた茶碗を置き、器の高さの6割程度まで水を注ぎます。火にかけて湯が沸いてきたら弱火にし、ふたを少しずらして隙間を空けてのせ、ゆっくり加熱。ふたをずらすのは、「す」を入れず、舌触りがなめらかな仕上がりにしたいから。そのためには決してグラグラさせてはいけません。10～15分、卵液が固まればできあがりです。

蒸している間に、あんを作りましょう。だし汁に醤油とみりんを加えしっかりめのお吸い物程度の味つけにして火にかけ、水溶き片栗粉でとろみをつけます。

その前に鶏ひき肉やエビを細かくたたいたミンチを入れて一緒に煮ても。煮立ったらアクを丁寧に取れば、お店の茶碗蒸しが少し身近に感じられるはず。

メインにならず、汁物の少し上くらい？　とポジショニングが難しい茶碗蒸しですが、皆が大好き、あれば一段食卓の格が上がる逸品だと思います。

## 茶碗蒸し

材料（２個分）

卵……大１個
だし汁……１８０ミリリットル
（あん用）1/2カップ
水溶き片栗粉（片栗粉小さじ１、倍量の水）
淡口醤油……適量
おろしショウガ、ゆず皮など……各適宜

①しっかり溶きほぐした卵に、だし汁１８０ミリリットルを加えながら混ぜ、淡口醤油で調味する。ざるで濾しながら器に半量ずつ入れ、アルミホイルでふたをする。

②鍋にキッチンペーパーを敷いて器を入れ、器の高さ６割くらいまで水を注ぎ、火にかける。沸いたら弱火にしてふたをずらしてのせ、卵液が固まるまで10～15分蒸す。

③あんを作る。別鍋にだし汁1/2カップを入れて火にかけ、煮立ったら淡口醤油でしっかりめに調味して水溶き片栗粉でとろみをつける。蒸し上がった②にかけ、好みでおろしショウガやゆず皮を刻んで散らす。

# クリスピーな鶏のから揚げ

料理研究家として、いろんなレシピの鶏のから揚げを作ってきました。

ザクザク、ガリッと食べ応えがある衣、複雑なスパイスやニンニク、ショウガがたっぷり……。それらはとってもおいしいのですが、家のから揚げは、できるだけ手軽に、思った時にすぐ作れることが肝要。から揚げは家族にとって「しょっちゅう食べたい！」、そんなおかずだからです。

## 漬け汁や衣は時間によって

漬け汁は2パターン。1時間以上漬けられる時は、醤油、みりん、酒がベース。[*1] 醤油とみりん、酒で肉に味が入りつつ、みりんの効果で肉の保水力も高まるので噛むと肉汁が溢れるジューシーな仕上がりです。

一方すぐに揚げたい時は、水分が多いと味がぼやけるので、下味は醤油のみで揉み込みます。[*2] どちらのタイプも、おろしニンニクやショウガでコクをプラスしましょう。

前者が肉の中心まで調味料が染みこんだ深みのある味わいだとしたら、後者はむしろ中心には味が入っていない状態。でも、肉の表面に濃い味がつくので、シンプルな肉の味わいとのコントラストが飽きないおいしさです。いわば、塩を手につけて作った塩むすび状態ですね。

漬け汁に合わせて衣も変えましょう。どちらも粉は片栗粉が基本、ガリッとしっかりさせたければ、そこに薄力粉を少し混ぜます。

漬けおきタイプは、軽く汁気をきった鶏肉に粉をたっぷりつけ、肉から水分がにじみ出て、つけた粉がしっとりするくらいまで2〜3分おきます。そうして表面がべっとりしてきたところに、さらに粉をつける。すぐに揚げたくなるけれど、そこもまた一息。再度表面がしっとりしてから揚げると、衣がしっかりつくうえ、油の中で粉が落ちにくく油汚れも少なくなり、一石二鳥です。

一方時短タイプは、粉と卵のダブル使い。粉だけでもいいけれど、卵を加えることで味がしっかりして少しふんわりサクッとした仕上がりになります。醤油を揉み込んだ鶏肉に溶き卵を加えてよく絡め、そこに粉を投入。薄づきなので揚げた時にはがれそうにも思えるけれど、片栗粉も卵も固まりやすい素材なので、ちゃんと衣になるので大丈夫です。

## 余熱を利用した二度揚げ

揚げ方は共通。肉に厚みがあり、味つけに使った醤油が焦げやすいというデメリットの対策として、余熱を利用した二度揚げがポイントになります。

一般的な二度揚げというとほぼ火が通ったものを、カラリとさせるために再度揚げるというものなのですが、ここでは、二度揚げる間の余熱を使って揚げる時間は短くても肉にきちんと火を通すのが目的です。

具体的には、180℃程度の揚げ油に衣をつけた肉を入れ、表面がある程度固まるまでは触らず、1分半ほどしたらいったん取り出します。この段階では、中まで火が入っている必要はなく、肉の3割方に火が入った状態。揚げ色もついてなくてOKです。取り出したら2～3分、そのままおきましょう。この間に余熱で火がさらに中まで入っていき、レアだった肉がミディアムの状態に。ここでさらに4割。その後、再び油に入れて2～3分で、完全に火が通ります。こうすることで火入れが最短の時間ですみ、余分な水分を逃さず中はジューシーに仕上がるのです。

ちなみに一度目に揚げた後にいったん取り出すと、肉の水分が表面ににじみ出てきます。揚げ物がベタつく原因はこれ。二度目に油に入れるとジュワーッと音がしてくるのですが、二度揚げすることで、この表面の余分な水分を水蒸気にして逃していく。これが、中はふっくら、外はクリスピーなから揚げの秘訣なのです。

＊1

## 鶏のから揚げ（漬けおきタイプ）

**材料**

鶏もも肉……大1枚
（300グラム）

A
- 醤油……大さじ1 1/2
- 酒……大さじ3
- みりん……大さじ1
- おろしショウガ……小さじ1
- おろしニンニク……小さじ1/3

片栗粉……適量
揚げ油……適量

①鶏肉は10等分に切る。ボウルにAを入れて混ぜ、肉を加えてよくもみ込み、冷蔵庫で1時間ほどおく（長くおきすぎないこと）。

②①をざるにあげて汁気を軽くきり、ボウルに戻す。片栗粉大さじ3を加えてよく混ぜ、しばらくおいてしっとりしたら、1個ずつ片栗粉をまぶしてバットに並べ、しばらくおく。

③揚げ油を中温に熱し、②を半量入れる。触らずに1分半ほど揚げ、表面が固まってきたらいったん取り出し、3分ほどおいて余熱で火を通す。

④③の肉を揚げ油に入れ、1分ほどして色づいてきたら箸で転がしながら全体が均一に色づくようにさらに1～2分揚げる。取り出して油をきり、キッチンペーパーで余分な油をしっかり押さえる。残りも同様にする。

＊2
## 鶏のから揚げ（時短タイプ）

材料
鶏もも肉……大1枚（300グラム）
A
醤油……大さじ1
おろしショウガ……小さじ1
おろしニンニク……小さじ1/3
溶き卵……1/2個分
片栗粉……大さじ4
揚げ油……適量

①鶏肉は10等分に切る。ボウルにAとともに入れ、汁気がなくなるまでもみ込む。
②溶き卵を入れて絡め、片栗粉を加えて汁気がなくなるまで全体を混ぜる。
③揚げ方は＊1の③、④と同様。

# 割った瞬間が楽しい春巻き

春巻きって家で作りますか？　揚げたて熱々のパリッ、サクッを楽しみたい料理。お店の惣菜として人気ですが、衣も必要なく、油が少ない揚げ焼きだってOK。もっと家庭で楽しんでほしいな、と思う料理です。

## 進化系は具にアクセントを少々

まずは一般的な具材の話から。にんじん、筍、ピーマン、椎茸などの野菜や豚肉を細く切り、炒めてとろみをつけるのですが、揚げている間に爆発しやすくなるため水やスープは使いません。炒めた具材に水溶き片栗粉を回し入れながら手早く混ぜます。水溶き片栗粉はあんではなくここでは具全体をまとめる接着剤のような役目。具ができあがったらしっかり冷ましてから皮で巻きます。

でも最近、この定番のタイプを見かけなくなってきました。一方で、ちょっとした居酒屋やワインバーなどで、おつまみとして春巻きを見かけるようになりましたね。

その具材には、想像を超えるものが包まれていることもしばしば。例えば、アスパラガスやタラの芽などの野菜、柿やイチジクなどの果物、エビやカキなどの魚介も見かけます。

このタイプは材料を加熱して下ごしらえする必要がなく、基本的に切るだけなのでとても簡単。そこでこれらをおいしくするちょっとしたコツを。それは「メイン素材に対し、香りや味の個性が強いものを少量合わせる」ということ。例えば、イチジク×ゴルゴンゾーラ、豚肉（薄切りでもひき肉でも、ブロックを刻んでも）×蕗のとう、キノコ×味噌……といった具合。

皮で包んで揚げるという春巻きの中は、いわば高温の蒸し焼き状態。具の香りが閉じ込められ、割った時や口に入れた時に、驚きとおいしさを作れる料理なのです。他にもじゃがいも×柚子こしょう、エビ×マスタードなどもいいですね。

## きちんと包んでしっかり閉じる

揚げたての皮のサクッ、パリッとともに、中の具と香りまで楽しむのが春巻きの醍醐味《だいごみ》。だからこそ、きっちり包むことが大切です。

そもそも、春巻きの皮には裏表があります。つるっとした方が表、少しざらっとしているのが裏。間違っても失敗にはならないけど、皮のおいしさには繋がるので間違えずに巻きたいですね。

広げた皮の中心より少し手前に具を置き、手前、両サイドの順に折り、くるくると巻いていきます。巻き終わりは、水溶き小麦粉（薄力粉：水＝2：

1）をのりにしてしっかり閉じましょう。ここがいい加減だと、揚げているうちにはがれてきたり隙間から具の水分が出て油はねしやすくなったりするので丁寧に。

そしてもう一つ。具材に少しでも水分があると、巻いたまましばらく置くと皮がふやけて破れやすくなるので、巻いたらすぐに揚げることも重要です。

## 水分を含む具の揚げ焼きに注意

揚げ方のベストは、たっぷりの油で揚げること。170〜180℃程度の中温に熱し、途中で上下を返してこんがり揚げ色がつくまで3分ほど。これが一番です。

でも最近は、少ない油で揚げ焼きがいい、という声も多いですよね。具材に水分がなければいいのですが、揚げ焼きの場合は、その水分が原因で皮が破れてしまうことも。そこで大事なポイントをお伝えしましょう。

それは、最初は油の温度を少し高めにし、途中で返しながらまずは皮全体を固めて破けにくくするということ。その後少し温度を落とし、中まで火が通るように揚げていくという方法です。

いまや中華の枠を超えた春巻き。ポイントを押さえれば皮が破けるなんてこともなし、もっと気軽に作ってもらえたらいいなと思います。

# 令和の酢豚

昭和の家庭料理の定番であった酢豚。複数の野菜を下ゆでし、豚肉は衣をつけてこんがり揚げ、一緒に炒め合わせて調味料を加えてとろみをつける。家庭料理としてはいつしか面倒な存在となり、外食の料理になってしまった感があります。でも、子どもの頃にこれが出てきたら嬉しかった記憶もあり、我が家では子どもたちも大好きでした。そんな酢豚をどうしたら令和の家庭料理にできるか？　少し考えてみました。

## 肉は揚げなくても

使うのはもちろん豚肉。酸味と相性がよく、欧米ではリンゴやオレンジなど果物と合わせた料理も多い食材です。そして令和版酢豚に使うのは、肩ロース肉。昔ながらの調理法ではもも肉でしたが、令和版は肉に粉だけを振って揚げ焼きにするという簡易スタイル。もも肉だと硬くなってしまいます。対して肩ロースは、適度に脂があってパサつきにくい肉質なのでこの調理法にはおすすめです。ブロック肉か、あるいはステーキ用でもOK。

この肩ロース肉を揚げ焼きしやすいように、2・5センチくらいの厚さに切り、塩こしょう、片栗粉をまぶして少しの間おきます。おくことで肉の水分で片栗粉が少し湿り、油に入れた時に油の中に粉が落ちにくくなります。

フライパンや鍋に5ミリ程度の深さに油を張り、こんがり揚げ焼きにしましょう。

## 野菜は1種あればいい

かつて酢豚に野菜をたっぷり入れていたのは、かさ増しと栄養面を整えることが目的でした。でも、野菜の種類が多いほど加熱時間や下処理も変わってくるので一気に面倒になりますよね。

そこで令和版では、厳選の1種類、もしくは肉だけだっていいんです。選ぶ野菜のポイントは、「甘酢の味に合う」「水気が出にくい」「火通りがよいこと」の3つ。玉ねぎ、れんこん、長いも、パプリカなどがおすすめです。いずれも肉と同じくらいの大きさに切っておきましょう。

## 黒酢で深みを

そうして肉と野菜を準備したらフライパンで仕上げていきますが、その前に合わせ調味料を用意。水、酢、砂糖、醤油、片栗粉が基本です。

酢豚の甘酢あんといえば、昔はケチャップ(あるいは缶詰パイナップルも)が利いた甘みが強いものでしたが、最近はあまり見かけなくなりましたね。

代わって今の流行は、なんといっても黒酢。熟成による旨みと甘みが、料理に深みを与えてくれます。あるいはバルサミコ酢があれば、黒酢よりも少し軽やかな仕上がりになりますよ。

ショウガはみじん切りにしてごま油とともに熱し、野菜を入れてさっと炒めます。ほぼ火が通ったらそこに合わせ調味料を投入。その時にフライパンの中をヘラでかき混ぜることを忘れずに。しっかり煮立ったら下準備をした肉を仕上げに戻します。豚肉のまわりの片栗粉がほどよくなじみ、とろみがついたらできあがりです。

この酢豚のように、なんといっても食べたい時に気軽に作れることが今の時代にフィットし、そういうものが姿を変えながら家庭料理として受け継がれていくのではないでしょうか。

## 酢豚

### 材料

豚肩ロースブロック肉……250グラム
玉ねぎ……1個
A ショウガ(みじん切り)……大さじ1
黒酢……大さじ3
砂糖……大さじ2
醤油……小さじ2
水……大さじ2
片栗粉……大さじ1 1/2
サラダ油……適量
ごま油……大さじ1
塩、こしょう……各適量

①玉ねぎ、豚肉は、2・5センチ角に切る。豚肉はボウルに入れ、塩、こしょうをしてよくもみ込み、片栗粉をまぶして少しおく。

②フライパンにサラダ油を5ミリ深さに入れて熱し、豚肉を入れる。1分ほど触らずに揚げ焼きし、底が固まったら、上下を返す。全体がこんがりきつね色に色づいたらキッチンペーパーにとって油をきる。

③フライパンをさっと洗ってごま油を熱し、①の玉ねぎを入れてさっと火を通す。Aを合わせて加え、ひと煮立ちしたら②を加える。混ぜながらさっと煮てとろみをつける。

# 明日おいしくなる南蛮漬け

普段は保存食や常備菜を作らない私ですが、南蛮漬けだけは別。暑い時期、冷蔵庫にこれが冷えているとちょっと嬉しい。冬以外は頻繁に作る料理です。

南蛮漬けはヨーロッパではエスカベッシュと呼ばれ、揚げた小魚をマリネ液に漬けておくというもの。漬け汁を作って魚を揚げ、とやや工程が多めかもしれませんが、日持ちもして便利なのでぜひ作ってほしい一品です。

## 熱々であることが大事

ポイントは一つ。魚を熱々の状態で漬け汁に漬けて味が染み込むまでおく。ただこれだけです。基本は酢に砂糖、塩を混ぜた甘酢に、刻んだ唐辛子やねぎなど香りや辛み要素を加えたものに漬けます。あるいは酢と砂糖に、醤油を少し利かせた三杯酢でもおいしくできます。

そして、食材は揚げなくたっていいのです。フライパンでも、グリルでもOK。大切なのは熱々の状態を液に絡めて冷めるまでおくこと。長く漬けるほど味が染みておいしいので、粗熱が取れたら冷蔵庫に入れ、作りおきにしましょう。

南蛮漬けといえば小アジやワカサギですが、他にもシシャモや鮭の切り身などでもＯＫ。ブリやサーモンといった脂がのった魚なら、揚げずにフライパンで焼くだけで十分。ただし切り身は崩れないように、薄く粉をつけてから焼きましょう。

鶏肉もよく合います。パサつきやすいむね肉は薄力粉をつけて揚げ焼きに。もも肉ならそのままフライパンかグリルでＯＫです。

## 加熱した野菜が絶品

野菜のみ、これもまたおいしいのです！　私の定番はねぎのグリル焼き。パプリカもグリルでＯＫ。カボチャは多めの油でフライパン焼き、油を吸いやすいなすは揚げ焼きに。もちろんいろいろな野菜を合わせてもいいので、冷蔵庫の半端野菜を一掃するにも便利な料理です。

ちなみに南蛮液は唐辛子やねぎ以外にも、ゆずやレモンなどの柑橘汁を入れても、カレー粉を少し忍ばせてスパイシーにしても。アクセントを少し変えるだけで味わいも広がり、飽きずに楽しめるはず。忙しい日々にこそ、定番料理の一つに組み込んではいかがでしょうか。

## サーモン（ブリ）の南蛮漬け

材料
サーモンまたはブリ（切り身）……2切れ
玉ねぎ……1/2個
セロリ……小1本
南蛮酢
　酢……大さじ4
　砂糖……大さじ1 1/2
　醤油、水……各大さじ3
　赤唐辛子（小口切り）……少々
サラダ油……大さじ3
薄力粉……適量
塩……小さじ1/2

①玉ねぎ、セロリはそれぞれ薄切りにする。サーモンに塩をすり込み、5分ほどおく。さっと水で洗ってキッチンペーパーで水気を拭き、食べやすく切る。
②南蛮酢の材料を混ぜ合わせる。
③フライパンにサラダ油を熱し、薄力粉を薄くまぶした魚の両面をこんがりと揚げ焼きにし、バットに入れる。
④フライパンの油をキッチンペーパーでさっと拭き、火にかける。①の玉ねぎ、セロリをさっと炒めて②の南蛮液を加える。沸いたらすぐに③のバットに加え、冷めるまでそのまま漬ける。

# クリームシチューの味方、ブールマニエ

クリームシチューはお好きですか？　やわらかなチキンやシーフードの味わい、とろとろのソースの中で崩れたじゃがいもがなんとも言えないおいしさですね。ブールマニエ、これがあれば、市販のルーに頼らなくても案外簡単にできるのです。

## バター＋薄力粉＝ブールマニエ

ブールマニエとは、やわらかくしたバターに同量の薄力粉を練り混ぜたもの。見た目はやわらかいクッキー生地のようですが、これが洋風料理のとろみづけに大活躍します。シチューに限らず、カレー、ビーフストロガノフといった、ちょっとした煮込みの仕上げに使うと、簡単にとろみがつく優れものなのです。簡易ルーのような、和食や中華料理における水溶き片栗粉のような存在でしょうか。

## 肉には下味の塩をしっかりと

シチューの定番は、鶏もも肉、玉ねぎ、じゃがいも、にんじんでしょう。鶏は余分な脂を取って食べやすく切ります。大事なのは、鶏肉にしっかり塩

をもみ込むこと。これを怠るとぼやけた味に仕上がってしまうから。ソースと具の口内調味が大切で、大きめに切った肉や魚は噛んだ時にしっかり味がしないと、おいしく感じることができません。鶏肉の重量の1パーセント弱程度の塩を肉にすり込み、10分ほどおいて出た水気は炒める前に軽く拭き取ります。

他の具材の用意ができたら、鍋にサラダ油を入れてじゃがいも以外の具材をさっと炒めますが、ここは慎重に。白さがシチューの身上。焼き色や焦げつきは厳禁です。肉の表面が白っぽくなってきたら、水を加えて丁寧にアクをとり、野菜をゆっくり煮ていきます。しばらく煮ていると、鶏の脂が黄色く溶け出てきます。この脂は、旨みでもありますが、においが気になる場合は好みで取り除いてください。

具が一通りやわらかく煮えたら、牛乳、ブールマニエの順で仕上げます。牛乳は、沸かしすぎると膜が張って口当たりが悪くなるので、静かに温める程度に。そしていよいよブールマニエの出番。その際、鍋にそのまま入れると熱で固まりダマになってしまうので注意しましょう。ここでいったん火を止めます。そして煮汁をブールマニエの方にお玉で1~2杯入れ、よく混ぜて溶かし、緩めてから鍋に加えましょう。全体を混ぜてブールマニエが均一に溶けてから、再度火にかけます。焦げないようゆっくり混ぜながら加熱すると自然にとろみがついてきますので、あとは味つけだけ。肉にしっかり塩をしているので、味を見て塩、こしょうで調える程度でOK。もしコクが足りなかったらバターや生クリームを足すのもよし、野菜が足りないようならゆでブロッコリーをプラスしてもいいですね。

肉と野菜から十分に味が出ているので、スープの素はもちろん不要。優しく、深い味わいのクリームシチューができあがっているはずです。

ちなみに我が家では、ポトフの残り（肉、じゃがいも、玉ねぎ、にんじん、時にキャベツも）とその煮汁にブールマニエを加え、クリームシチューにすることも。これもまた、冬の楽しい繰り回しです。

## クリームシチュー

**材料**（作りやすい分量）
鶏もも肉（から揚げ用）……400グラム
玉ねぎ……1個
じゃがいも……3個
にんじん……大1本
ブールマニエ（バター、薄力粉各40グラム）
牛乳、水……各1 1/2カップ
サラダ油……小さじ1
塩、こしょう……各適量

①鶏肉は塩小さじ2/3、こしょう少々をすり込む。玉ねぎはくし形切り、じゃがいもは大きめの一口大、にんじんは小さめの乱切りにする。

②ブールマニエを用意する。室温に戻してやわらかくしたバターをボウルに入れてヘラで練り、薄力粉を加えてペースト状になるまで練り混ぜる。

③鍋にサラダ油を温め、①の鶏肉、玉ねぎ、にんじんを入れてさっと炒める。分量の水を加え、沸いてきたらアクを除いてじゃがいもを加え、弱めの中火で7分ほど、じゃがいもに火が通るまで煮る。

④牛乳を加え、軽くひと煮立ちさせて火を止める。②のボウルに煮汁をお玉2杯ほど加え、よく混ぜて溶かしてから鍋に戻して混ぜる。火にかけ、混ぜながら煮てとろみがついたらさらに3分ほどしっかり煮て、塩、こしょうで調味する。

# 失敗しないホワイトソース

寒くなってくると無性に食べたくなるグラタン。でもグラタンというと、ホワイトソースを作るというハードルを越えなければなりません。そう、少し油断するとダマになったり焦がしてしまったり……なかなか一筋縄ではいかないホワイトソース。実は、失敗なく確実に上手に作るポイントが二つあるのです。

## 配合を覚えよう

主な材料は3つ。バター、薄力粉、牛乳です。そして基本の配合はバター：薄力粉：牛乳＝1：1：10。グラタンなどやわらかく仕上げるなら1：1：12、あるいはクリームコロッケなど硬めにしたい時は1：1：8と覚えておくと便利です。

## 牛乳を加えたら煮立つまで混ぜない

失敗しない二つのポイント。一つは粉とバターの炒め合わせ方、もう一つは、牛乳を加えてから混ぜるタイミングにあります。

まず、鍋にバターを入れて中火にかけます。溶けてふつふつと泡立ってきたら薄力粉を加え、ヘラでよく混ぜます。この混ぜ合わさった段階では少しねっとりした状態なのですが、しばらくしてバターが沸いてくると、もろっとした状態に。ここで焦がさないようにしっかり火を入れます。このようにバターと一緒に炒めることで、粉くささがとび、香り豊かなソースになります。

そして牛乳を投入。3回くらいに分けて加えていきます。この時に大事なのが、その都度すぐに混ぜることをせず、牛乳が沸くまで待つということ。牛乳が冷たい段階ですぐに混ぜると、炒め合わせた粉とバター（ルー）が小さなダマとなってしまいます。その後に牛乳が熱くなると半生状態で散っていたダマが煮えてしまい、そうなると溶けることはありません。よくあるダマになる原因はここにあります。

ですので、牛乳が煮立つまで待ち、ルーと混ぜることで、熱くなった牛乳に、ルーのバターが溶け出し、続いて薄力粉がほぐれ、さらに混ぜ続けることで牛乳にとろみがつくというわけです。これだけで驚くほどなめらかなソースに仕上がります。

## 少量ならレンジでOK

手のかかるホワイトソースを少しだけ作るというのも、やっぱり面倒ですね。そんな時は、レンジを使うと手軽においしく作れますよ。[*1]

常温に戻したバターは耐熱ボウルに入れてヘラでやわらかく練り、薄力粉を加えて一緒に練り混ぜ、牛乳を加えます。ここではまだ混ぜません。レンジに入れ、牛乳がホットミルクくらいの温度になるまで温めましょう。

取り出して泡立て器で一気に混ぜると、先ほどと同様にバターと薄力粉の粒が牛乳に溶けてダマにはなっていないはず。その後、再度熱々になるまで加熱。取り出してみると、完全ではありませんが一部が固まり始めています。一度この時点で混ぜて均一にし、もう一度同様に加熱して、しっかり混ぜればとろりとしたソースのできあがりです。

ただこの方法あくまでも少量向き。なので私は、1~2人分のドリア（1カップ分くらい）などちょっと欲しい時にだけはレンジで作り、それ以上の量が必要な時は鍋で作るようにしています。

ソースができたら、あとは好みの具材でグラタンに。[*2]寒い季節、みんながなんだか幸せになるグラタン。ホワイトソースのハードルを下げて、もっと気軽に楽しんでみませんか。

＊1

## クイックホワイトソース

材料（作りやすい分量）

バター（常温に戻す）……30グラム

薄力粉……30グラム

牛乳……1 1/2カップ

塩……適量

①常温でやわらかくしたバターと薄力粉を耐熱ボウルに入れ、ヘラでなめらかになるまで練り混ぜる。

②牛乳を加え、ラップをせずにレンジで2分半加熱する。泡立て器で全体をよく混ぜて溶かし、同様にレンジで2分加熱する。さらに均一に混ぜ、同様にレンジで1分加熱。さらに混ぜてなめらかになったら塩で調味する。

＊2

## マカロニグラタン（基本のホワイトソース）

材料（2〜3人分）

マカロニ……70グラム

殻つきエビ……150グラム

玉ねぎ……1/3個

マッシュルーム……4個

ホワイトソース

バター、薄力粉……各45グラム

牛乳……3カップ

溶けるチーズ……60グラム

サラダ油……小さじ1

塩、こしょう……各適量

ナツメグ……適宜

①エビは殻や背わたを除き、片栗粉小さじ2と少量の水（各分量外）でもみ、洗って水気を拭く。玉ねぎは薄切り、マッシュルームは石突きを除き4等分に切る。マカロニは袋の表示通りにゆでる。

②フライパンにサラダ油を熱し、玉ねぎ、エビ、マッシュルームを炒める。エビに火が通ったら軽く塩、こしょうする。

③ホワイトソースを作る。鍋にバターを入れて弱めの中火にかけ、焦がさないように溶かして薄力粉を加える。ヘラで丁寧に混ぜながら1〜2分炒め、粉っぽさがなくなったら牛乳1カップを加える。沸くまで触らずに待ち、完全に沸いたら泡立て器で一気に混ぜる。なめらかになったら牛乳1カップを加えて同様に混ぜることを2回繰り返し、塩小さじ1/3、こしょう、好みでナツメグで調味する。

④②、ゆでたマカロニ、ホワイトソースを混ぜ、グラタン皿に流し入れる。チーズをかけ、200℃に熱したオーブンで15〜20分、こんがり焼き色がつくまで焼く。

# ミートソースと4つの香味野菜

ミートソース、本国イタリアでいうサルサ・ボロネーゼ（ボローニア風）はイタリア北部のソースです。イタリアではシンプルに野菜のみ、もしくは多少の魚介を合わせる程度のパスタソースが多いなか、これは特別で肉をたっぷり使いボリューム満点。肉の濃厚さとのバランスを取るために、現地では平打ち麺や太麺などの生パスタに合わせることが多いソースです。

日本でもおなじみでレシピもいろいろ。簡単なレシピも多いのですが、ただひき肉を炒めてトマトで煮ただけでは、なんだかちょっと物足りない味に。では何が必要か？　それは香味野菜。玉ねぎ、ニンニク、セロリ、にんじんの4つです。これらが持つ甘さとコクが大事なので、ぜひ揃えて使ってほしいもの。それもなんとなく使うのではない、おいしいミートソースのコツをお伝えします。

## 香味野菜はゆっくり加熱してコクと甘みを引き出す

4人分なら4種の野菜はそれぞれ中くらいの大きさを1個（ニンニクは1かけ）を使います。甘さとコクを引き出すには、少し多めのオリーブ油で、これらの野菜を煮るようにじっくり加熱することが大事。野菜の水分を飛ばしつつ時間をかけることで、苦み、辛み、えぐみがゆっくり甘みに変化していきます。おおよそにして20分くらい。野菜はできるだけ細かいみじん切りに。にんじんは、細かいみじん切りが大変なら、すりおろしてしまいましょう。

弱火で、炒めるというよりも油の中でクツクツ煮るイメージ。焦がさないように少量の水を入れて蒸し煮から始めるとうまくいきます。野菜がやわらかくなったらふたを取り、さらにクツクツ……。そのうち野菜の角がとれ、オリーブ油風味の野菜のペーストに近い状態になり、これが深い甘みを持つベースになります。ここにワインやトマトの酸味と旨み、肉の圧倒的なおいしさとコクが重なるからこそ、単調でない、深く濃く、厚みのある味わいのミートソースが生まれるのです。

## トマトは調味料

こうしておいしくなった香味野菜にトマトを加えます。適度な酸味とアミノ酸の旨みを持ち、煮込むことでコクや甘みを生み出すトマト。ここでは調味料の役割を果たします。フレッシュのものでもよいのですが、缶詰（ダイスカット）の方が、味が濃厚でおすすめです。ホール缶を使う場合はあらかじめ種を除き潰して使いましょう。

## 肉を加えるのは最初から？　仕上げに？

そして、ミートソースというからには、肉のお話です。本国では牛１００パーセントで作ることが多いのですが、イタリアでひき肉といえば赤身が主流。一方、日本の牛ひき肉は脂が多め。精肉店などで赤身のひき肉が手に入れば牛でもいいですが、スーパーなどでは少ないでしょう。そこで私は、牛ひき肉と、豚ひき肉の赤身を混ぜて使います。最初からあいびき肉として売られているものも脂が多いので、この方法がおすすめです。

このひき肉を、どのタイミングで野菜と合わせるか。方法は二つあります。一つは、野菜を炒めた後にひき肉を加えて軽く火を通し、ワインを加えて煮詰め、トマトも加えてまた煮詰め、トマトの水分や状況を見ながら水を加えて煮込む方法です。もう一つは、先にワインとトマトを、野菜に同じように加えては煮詰めを繰り返し、水を加えて煮込みます。しっかり煮た後にひき肉を別途フライパンでこんがり焼き目をつけてから、そこに加えるというものです。

前者は、全てが渾然一体となったまとまりのある正統派のミートソース。後者は、野菜の甘みの中に、別に焼いたことでパンチが出た肉の旨みが点在し、噛みしめると肉らしさが口中でいっぱいに広がります。どちらのおいしさも甲乙つけがたく、季節や気分で作り分けている私です。

## ミートソース

**材料（4人分）**

牛ひき肉（＊）……４００グラム
玉ねぎ……１個
にんじん……１本
セロリ……小１本
ニンニク……１かけ
トマトダイス缶……１缶（４００グラム）
赤ワイン、水……各1/2カップ
ローリエ……１枚
タイム（あれば）……少々
オリーブ油……大さじ３
塩……小さじ１
こしょう……少々

＊または牛ひき肉と赤みの豚ひき肉を好みの配合で合わせるとよい。

①野菜を準備する。玉ねぎ、にんじん、セロリ、ニンニクは全て細かいみじん切りにする。にんじんはすりおろしても。

②鍋にオリーブ油を温め、①をさっと混ぜて油を絡める。水1/3カップ（分量外）を加え、煮立ったらふたをして弱火にし、時々混ぜながら焦がさないように15分ほど煮る。

③ふたを取ってさらに煮る。ねっとりとしたペースト状になったら鍋の端に寄せ、強めの中火にしてひき肉を加え、軽く火を通して全体を混ぜ合わせる。

④赤ワインを加えて強火にし、しっかり煮立たせてアルコールを飛ばす。トマトダイス缶、ローリエ、タイム、分量の水を加え、煮立ったらふたをずらしてのせる。弱火で30分、焦げないように時々混ぜながら煮込み、塩、こしょうで調味する。

# 野菜スープは蒸し料理

野菜スープというと、野菜を水に入れ（またはさっと炒めて）、ブイヨンキューブを入れてやわらかくなるまで煮たものと思っている方も多いのではないでしょうか。実は私も、昔はそうでした。そして、野菜スープってどれもブイヨンキューブ味の汁。味噌汁が味噌味の汁であるように。そこに野菜が入っているものと思っていたんです。

フランス料理の世界に入ってわかったのは、スープは味噌汁のように汁と具を煮て作るのではなく、野菜や肉を蒸し煮にして出た甘みなどを液体に移す料理だということでした。

## 2種類の役割を持つ野菜

使う野菜には、大きく分けて二つの役割があります。一つは、味のベースを作る香味野菜。要になるのは玉ねぎです。スープは味のグラデーションがおいしさに繋がるので、優しい甘みを持つ長ねぎも一緒に使ってほしい。さらにプラスするなら、にんじんやセロリ、時にニンニク少々。和食でいうとこれが、昆布やかつおのだしの立ち位置といえるでしょう。

もう一つの役割は、そのスープの主役になる野菜。ブロッコリー、キャベツ、トマト、キノコ……など。ここで大事なのは前者の扱いです。

前者で大切なのは、まずは切り方。食べやすく、旨みを液体にしっかり引き出すことを考えると1～1・5センチ角、厚さは玉ねぎ程度。大事なのは、同時間で味わいを抽出しなければいけないので、大きさを揃えて切ることです。そして後者の野菜はスープのメインの具となるので、具材としておいしく食べるために量や切り方、大きさを考えましょう。

ベースの野菜があれば、あとは何を一緒に煮てもよし。二つの役割を持つ野菜から出る旨みと味わいで、素晴らしいハーモニーが生まれるのです。

## ベース野菜は蒸すことで旨みを抽出

最も大事なのが、そのベース野菜からいかに旨みを引き出すか。

それは、これらの野菜を炒めるのではなく、少量の水とともに蒸し煮にすることで解決します。バターやサラダ油、オリーブ油などの油を少し加えて特有のえぐみをマスキングしつつ、野菜の持つ優しい甘さを引き出しながら蒸し上げます。こうして蒸した野菜に水分を加えて煮ると、野菜からの甘み、旨みがスープにあふれ出てきます。

まさに、これがスープの味わいのベースなのです。コクが足りない時は、ベーコンや少量の肉を加えてもいいでしょう(和食で昆布とかつお、野菜にタンパク質を合わせて旨みの相乗効果を狙うのと同じ)。

それでも物足りないなと感じた時、私の場合は昆布だしを使います。ブイヨンキューブほど主張せず、かつおだしほど和風にならず、でも、昆布だしの成分であるアミノ酸（グルタミン酸）を加えることで旨みは倍増。ナチュラルで体に染みるおいしさのスープに仕上がりますよ。

シンプルなだけに塩加減が重要になるので、そこは味見をしながら慎重に。コクが足りなかったら仕上げに少量のバターかオリーブ油を足せば、まとまりもよくなります。

## バリエーションは自在

そしてこのスープ、ベースの味でバリエーションを作ることができます。トマトを加えればミネストローネ、牛乳を加えれば優しい味わいのミルクスープに。スパイスを利かせてカレー味にしてもいいですよね。

もう一つ、日本では案外知られていないのが、こうして作ったスープをミキサーにかけてポタージュにする方法。欧米ではポピュラーな展開の仕方で、とろみが足りなければ、残ったパンを少し加えてミキサーでがーっと。あっという間に、さらりとした野菜スープが一転、とろりと上品なポタージュに！　基本のスープはこんなふうにシンプルに作ったもので、その後にトマトや牛乳などで味変し、最後にはミキサーにかけてポタージュに。これだけいろいろ楽しめるなら、たっぷり作っておこう！と思いませんか。

## 野菜スープ

材料（作りやすい分量）

玉ねぎ……大1個
長ねぎ、にんじん……各1本
セロリ……1/2本
じゃがいも……2個
鶏もも肉……小1枚
ニンニク（薄切り）……1かけ分
水……1/4カップ＋6カップ
バター……5グラム
サラダ油……大さじ1
塩、こしょう……各適量

①玉ねぎ、長ねぎ、にんじん、セロリはそれぞれ1・5センチ角の薄切りにする。鶏肉は1・5センチ角、じゃがいもは1センチ角にして水に浸ける。

②鍋にサラダ油とニンニクを入れて火にかけ、温まってきたら①の鶏肉とじゃがいも以外を入れて炒め合わせる。全体がしんなりしたら水1/4カップを加えてふたをし、極弱火で焦がさないように10分ほど煮る。

③鶏肉を加えてさっと炒め、水6カップを加えて沸いたらアクを除き10分ほど煮る。じゃがいもを加えてやわらかく煮えたら、塩、こしょう、バターで薄めに調味する。

# ドレッシングを〝まとわせる〟

「飽きないドレッシングの作り方を教えてほしい」。

こんな相談をよく受けます。ドレッシング、あれほど種類が売られているのに、なかなかたどり着けない好みのお味。その理由は、市販のドレッシングが個性たっぷりのしっかり味だからではないでしょうか。ドレッシングは、あくまでも野菜をおいしく食べるための引き立て役であってほしいもの。だからこそ、シンプルでいいのです。

## 材料は3つだけ

酢、塩、オイル。強いて言うなら、少しグレードの高いものであれば尚よろしい。

酢はお好みのもので。欧風にキリッと仕上げたいならワインビネガー（フランスでは赤が主流）。でもマイルドな甘みの米酢で作るのもまた味わい深いし、魚介が入るならレモンなどの柑橘でも。

塩はというと、精製塩は塩味に角があるので、やわらかさと旨みのある自然塩がおすすめです。

オイルは、オリーブ油はシンプルに仕上げるにはちょっと香りが強いので、サラダ油を使います。あるいは、ハーフアンドハーフといった具合に混ぜ合わせてもいいでしょう。オリーブ油の個性を少し和らげ、サラダ油にコクをつけるような感じです。

実はおいしいドレッシングって、「酢、塩、油」ととてもシンプルなもの。酢と油の配合は1：2～3を基本に。私は少し酸味がある方が好きなので、1：2で作ります。

## 乳化が肝心

ただ、酢、塩、油だけだと、まさに水と油で混ざりきらず、味わいも均一になりにくい。そこでフランス人は、マスタードを使います。味はもとより、マスタードが乳化剤となりトロリと仕上がる。野菜に絡みやすい、おいしいドレッシングになるのです。

## かけるのではなくまとわせる

ドレッシングができたら、あとはサラダを作るだけ。

そもそも日本ではドレッシングは「かける」ものと言われますが、「dress」という単語からもわかるように、欧米では野菜に調味料を「まとわせる、着せる」もの。そう、ドレッシングは葉の一枚一枚、野菜の隅々にまでドレッ

シングを行き渡らせることが、何より大事なのです。

欧米の台所では、大きなサラダボウルをよく見かけませんか？　あれはサラダを盛りつける道具ではなく、サラダを作る道具。大きなボウルに酢と塩、マスタードを入れてよく混ぜ、その中にオイルを加えよく混ぜて乳化させ、ドレッシングを作ります。この中に水気を取った野菜を入れるんです（葉野菜は片手で持ち、もう片方の手の親指でスナップを利かせるようにしてちぎると一口大に）。ボウルの中で、ふんわりふんわり野菜を潰さないように混ぜ、混ぜたてをボウルごと食卓へ。

ここでポイントがもう一つ、野菜の水気はしっかり取ってくださいね。シャワー後、びしょびしょのまま服は着ないですよね。必ずタオルで拭くはず。野菜だって同じです。おいしく食べるためにはまずは野菜を水に浸けてパリッとさせ、しっかり水気を拭き（右ページ写真）、そしてドレス！　シンプルだけど野菜のおいしさを実感できる、そんなサラダができあがりますよ。

**ソース・ヴィネグレット**（グリーンサラダ）

大きめのボウルにワインビネガー大さじ1、塩小さじ1/4、こしょう少々、フレンチマスタード小さじ1を入れてよく混ぜる。塩が溶けたら、サラダ油大さじ2を少しずつ加えながら混ぜて乳化させる。下ごしらえした葉野菜を加え、ふんわりとドレッシングを絡める。

# 旬を楽しむ和え物

ちょっとした副菜に、野菜の一品が足りない時に……すぐに作れて便利な和え物や酢の物。彩りもよく、野菜が充実した食卓に見えますよね。にもかかわらず、残念なことに「わーおいしい！」という存在にならないのもまた事実。主菜に手一杯になって、実は少しいい加減に作ってしまいがちではないでしょうか。

おいしく仕上げたいのなら、素材の下ごしらえに少し手間をかけましょう。それだけでお店のような味に。シンプルなだけに、野菜の基本的な扱いが味の決め手になるのです。

## 野菜は旬のものを選ぶ

今は一年中いろいろな野菜が売られていますが、やっぱり旬のものが一番おいしく、値段も安い。無理に季節を外さず、その旬に採れたものをたっぷり使うのが、こうした副菜のおいしさだと私は思います。真夏のおひたしだったら無理にほうれん草にするよりもなすに、酢の物を冬に作るくらいならキュウリより大根に……という具合です。

## 野菜の加熱前の下処理

次に下処理について。葉物なら根元に切り込みを入れたり、あるいはざく切りにしたものを水に浸けてしばらくおいて水あげし、シャキッとさせます。水に浸けてからゆでた青菜は、ゆであがりも筋っぽくなくみずみずしく仕上がります。ゆでる時に塩を入れるというレシピが昔からありますが、この塩は色をきれいに仕上げるのを目的としたものであり、味をつけるためではありません。なので家庭での和え物や酢の物においては、私は、ゆでる時に塩を入れる必要はないと思います。

ほうれん草や春菊などアクのある野菜は、ゆでた後に水にさらしますが、アクのない緑野菜は水に浸けると旨みが逃げてしまうので、そのままざるに広げておかあげにしましょう。

また、皮はむいた方がいいのか、残しておいた方が味わいがあるかなどは個体差によりますが、新じゃがや春のかぶといった新物はむかないでやわらかさを楽しみたいですね。

## 味つけ前に塩で野菜の水分を抜く

基本的にどの料理も、和え衣や合わせ酢を野菜に絡めます。その時、水分を含んだ野菜に塩分のある調味液を混ぜると浸透圧で野菜から水が出て、和え衣や合わせ酢の味が薄まるうえ全体が水っぽくなります。なので生で使う野菜も、先に塩もみなどで水分を抜いておくことがポイントです。多めの塩をして軽くもみ、水気が出たらしっかりもんで水分を出し、さっと水で洗って絞ってから調味。塩もみ後の野菜は塩気が少しついているので、調味液はそれを考慮した量に加減しましょう。

ゆでた野菜には、醬油を少し絡めてぎゅっと絞る醬油洗いがおすすめ。余分な水分を抜きつつ下味をつける方法です。

## 和え衣、合わせ酢の種類

ここで、知っておくと便利な和え衣の種類を挙げておきましょう。ごま醬油、辛子醬油、わさび醬油、酢味噌、ごま味噌、ゆず味噌、白和え、白酢和えなどなど。

合わせ酢はというと、二杯酢、三杯酢、甘酢、ごま酢、ポン酢、といった具合でしょうか。

このように和え衣、合わせ酢の種類をいくつか知っておけば、冷蔵庫に残っている旬の野菜との組み合わせで、さまざまな副菜がすぐにできるはず。

一品足りないなと思った時に、冷蔵庫に大根があったら拍子木切りにして塩もみし、さっと洗って水気を絞ってわさび醤油和えや甘酢和えに。もやしが一袋あればゆでてごま和えやごま酢和えに。少しボリュームを足すなら、野菜を2種類にしたり（春菊とえのきとか、にんじんと大根など）、少しタンパク源をプラスしたり（ちりめんじゃこやカニカマ、油揚げなど）。

下ごしらえの方法と、作り方のルール、味のバリエーションさえ覚えれば、季節ごとにいろいろな一品ができるのが和え物、酢の物の楽しさです。

## 和えるのは食卓に出す直前に

最後に和え物で大事なことをもう一つ。それは、和えたてを食卓に出すこと。サラダも同じですが、野菜に調味料が絡まったすぐのタイミングが、何より一番おいしいです。

下処理に手間がかかるわりには派手さもないかもしれないけれど、上手に作れたらやっぱり幸せ。脇役まで整っている食卓は、なんだか格も一段上がりそうです。

＊食材の組み合わせ例については、「名もなき副菜 アイデアチャート」（152ページ）参照。

# 塩油で作る野菜炒め

キャベツ、青菜、もやしなどなど、何かしらの野菜とフライパンさえあればできる野菜炒め。豚こまやハムでも入れれば、栄養バランスも抜群です。とはいえ家で作ると、野菜がシャキッとしない、べちゃべちゃになる、炒め具合にムラができる……。そもそもお店の炒め物は家庭とは異なる構造の火口を使い、たっぷりの油を高温に熱して、強火で中華鍋をあおりながら作るもの。だからこそのシャキシャキで濃厚なおいしさになる。でも、諦めることはありません。家庭ならではのポイントがちゃんとあるんですよ。

## シャキシャキ感を出すコツ

野菜料理の魅力であるシャキシャキ感、それは炒め物に限ったものではありません。サラダをおいしくする秘訣に、葉野菜を水に浸けるという点があります。こうすることで、多少しんなりしていた野菜も細胞一つひとつに水分が行き渡り、みずみずしさが戻ります。実はこの水分こそが、炒め物におけるシャキシャキ感の源なのです。

どうせ炒めるのだから少しくらいしんなりしていても、などとくれぐれも思わないように。ちゃんと水に浸けて元気にしてから使いましょう。

じゃあ青菜以外はというと、ポイントは切り方にあります。にんじんやピーマン、玉ねぎなど硬めの野菜は早く火が入るよう細く切るのが得策ですが、その際に、野菜の繊維に沿った切り方で細切りにすると、しなやかでも食感がはっきりします。もやしを使う場合は、洗う際には丁寧に。ポキポキ折ってしまうと断面から水気が出やすくなるので注意しましょう。

どんな野菜も、炒める前に表面についた水気をとることが大事です。野菜の中には水を吸わせたいけれど、表面についた水はフライパンに入れた途端、煮汁になってしまいます。青菜ならサラダスピナーやふきんなどを使い、水気を丁寧に取りましょう。

## フライパンはあおらず、少量ずつ

強火であおりながら短時間で炒めるというお店の味。これを家庭の火口で再現するにはどうしたらいいか。

まず、火力が大事ですから、火に一番近い場所で野菜を炒めればよいのです。家庭の火力では、フライパンをあおってしまうと火口から野菜を遠ざけることになり、炒め時間が長くなってしまう。だから家庭ではフライパンは動かさず、野菜を動かすに留めた方が早く火が入ります。

この時、野菜を上手に動かすために、フライパンの中に野菜を入れすぎないことも重要。お店の中華鍋の中の様子を見てみると、野菜がぎっちりではなく、鍋の中で野菜が自由に動きまわれる程度の量ではないでしょうか。フライパンの中に余裕があれば、箸やヘラで軽く混ぜたり、両手でヘラ2本を使って上下を返すことも簡単。フライパンの中に野菜がいっぱいになるなら何度かに分け、同じ作業を2回、3回と繰り返せばよいことなのです。ここが一番の失敗の理由ですし、無理矢理いっぺんに作るよりむしろ早いと思います。

## 味つけは塩油で

シンプルな塩炒めであれば、炒める油に塩を入れてから火にかけ、さっと炒めるのがおすすめ（この油に、みじん切りのニンニクやショウガを入れてアクセントにしても）。この方法だと、塩が油でコーティングされているので、野菜に塩がついてもすぐに水分が出てしまうこともありません。

一番してはいけないのは、炒めている途中に塩を入れて何度もかき回すこと。塩によって野菜の水分が外に出てしまい、水っぽい仕上がりの原因になります。塩油にしないのなら最後に入れる。もしくは食卓に並べて食べる時に振ってもいいと思います。

## 青菜の中華炒め

材料

小松菜……………1束(200グラム)
ショウガ(みじん切り)…小さじ1
ごま油……………大さじ1
塩……………小さじ1/3
こしょう……………適宜

①小松菜は根元に切り込みを十字に入れ、たっぷりの水に20分ほど浸ける。水を吸ってシャキッとしたら食べやすい長さに切り、キッチンペーパーやサラダスピナーなどで水気をしっかりとる。

②フライパンにごま油、ショウガ、塩を入れて広げ、強火で熱して青菜を炒める。2本のヘラで上下を返すように混ぜ、少ししんなりしてきたら好みでこしょうを振り、すぐに皿に盛る。

＊青梗菜の場合は、茎を食べやすい厚さに切り、炒める時も茎を先に入れて火が通ってから葉を炒めるとよい。

# チャーハンは1人分ずつ

チャーハンがうまく作れない。「パラリと仕上がらない」。あるいは逆に「パサついてしまう」という声もよく聞きます。作り方のベストを試行錯誤した結果、出た答えは「一度に作る量」にありました。

## ご飯一粒一粒を「油で焼く」

漢字で「炒飯」とは書きますが、「炒める」というより「油焼き」をするイメージを持ってもらうとコツを摑めるかもしれません。

つまり、ご飯一粒一粒を油で焼くためには、フライパン内にいっぱいの状態だと長時間混ぜることになり、その結果、ご飯がつぶれて粘りが出てしまう。それをはがそうと長く火を入れるから乾燥してしまう……これがパラリとならない、あるいはパサつく原因です。

つまり、野菜炒め（134ページ）と同じ考え方で、チャーハンは1人分ずつ作った方がうまくいくということ。ご飯や具の一粒一粒に油が絡みやすいよう、フライパンの中で動かせるスペースが必要になります。鍋の中でご飯を動かす、それを促すには多めの油も重要です。

## 冷やご飯は温めてから使う

「乾燥しないよう手早く」。これを叶えるために、ご飯はほぐれやすいように熱い状態で。冷やご飯の場合は、レンジで必ず熱々にしておきます。

また具材は、水分が多いものは避けること。玉ねぎより、ねぎの方が水気が少ないのでおすすめです。例外はレタスチャーハン。シャキシャキに仕上げるために最後にレタスを入れ、さっと混ぜたらすぐに皿に盛りつけます。

タンパク源としてはハムや焼き豚、細かく切った豚肉、エビなどでも、あるいは彩りのためににんじんやピーマンを加えたり、キノコなど好みのものでOK。どれも細かいみじん切りにします。もちろん卵も忘れずに。

## 炒める時間は1分半

時間にすると1分半。あっという間です。調味料、道具、ほぐした卵、そして皿を手元に用意してから始めます。フライパンにサラダ油を多め（1人前大きめの茶碗1杯のご飯に対し、大さじ1強から1 1/2）に入れてしっかり熱し、中強火（テフロン加工の場合。鉄製なら強火で）でハムや肉、続いてにんじんなど硬い野菜からさっと炒めます。ほぼ火が通ったらここから間髪容れぬスピード感で！

卵、ねぎの順に入れ、続いてご飯を投入。お米が潰れないようにシリコンのヘラを平く使ってご飯の粒々を広げるようにしてパラパラにしましょう。ご飯が広がったら、ヘラで卵と合わせるように上下を返しながら混ぜます。ここで決してあおってはいけません。火口からフライパンが遠ざかることで中の温度が下がり、ご飯が粘る原因になってしまいます。

フライパンの中でご飯を転がすようにすべらしていく。そうすれば、高温になった油でご飯の表面は揚げ焼きの状態になり、パラリと仕上がります。

仕上げに塩、こしょうなどで味つけして皿に盛ったらできあがり。もしもたついて乾燥気味になったら、仕上げにお酒を少し加え、その蒸気でご飯を包み込むように軽く混ぜるとふっくらと仕上がりますよ。

## チャーハン

**材料（1人分）**

ご飯……………………茶碗大1杯
焼き豚（またはハム）……30グラム
溶き卵…………………1個分
長ねぎ（みじん切り）……大さじ2
サラダ油………………大さじ1～1 1/2
塩、こしょう……………各適量

①焼き豚（またはハム）は角切りにする。ご飯は熱々を用意する。

②フライパンの周りに、材料、ヘラ、器を用意する。

③フライパンにサラダ油を強めの中火でよく熱し、焼き豚、ねぎ、溶き卵を入れ、ご飯を間髪容れずに加える。ヘラを平く使ってご飯を軽く押さえて広げ、卵を崩しながら全体を混ぜ合わせる。

④ご飯がほぐれたらヘラでご飯を潰さないように全体を混ぜ、パラリとしたら塩、こしょうで調味してすぐに器に盛る。

# カレーは自由。組み立て方次第

市販のルーカレー、スパイスカレー、キーマ風……皆さんそれぞれの定番レシピをお持ちかもしれません。上田家の場合は決まったレシピはなく、あるとすれば「考え方」。カレーはいわば味噌汁のようにどんな食材も受け止めてくれる料理。自由でいいと思うんです。家にある野菜とタンパク源、それをベースに季節や気分によって、仕上げ方を考えていきましょう。

## 野菜は何でもいい

カレーの王道野菜といえば、にんじん、じゃがいも、玉ねぎ。ですが、別にこれに限ったことはありません。例えば、根菜なられんこんやかぶもおいしいし、レタスやキャベツなどの葉野菜だっていい。野菜は複数の方が複雑な味になるかな？と思われがちですが、カレーの場合は案外そんなこともありません。潔くなすやキノコだけといった単品使いでも、案外おいしくできあがります。

## 肉は汁のため

単品野菜でいいとお話しましたが、おいしく仕上げるにはやはりタンパク源が必要です。

カレーに大事なのは、ルーや汁のおいしさ！　その味に影響を与えるのが、肉や魚介といったタンパク源です。これらは具として味わうだけでなく、大事なのはその旨み。煮込むことで汁に旨みが加わり、それがカレーのおいしさにつながります。

## 香りや辛み、香ばしさが深みを生む

野菜とタンパク源が決まれば、あとは煮ていくだけなのですが、その味わいを深いものにするために、二つ加えたいものがあります。

その一つが香りや辛みの要素です。一般的なカレー粉やルーに加え、カレーによく使うスパイスであるコリアンダーかクミン、あるいは両方あればなおよし。お好きな方はさらにターメリックや一味唐辛子、カルダモンあたりを揃えるといいですね。

またこうしたスパイスに限らず、おろしショウガやニンニク、玉ねぎといった香味野菜、こしょう、バターなどで深みをつけることで、カレーはぐっとおいしくなります。

スパイスや香味野菜、バターは、最初に炒めれば味のベースになるし、最後に加えれば香りよく仕上がります。こしょうはタンパク源に使えばくさみ消しに、仕上げに使えば風味づけになります。

もう一つは、煮込む前に、素材に焼き色をつけること。焼きつけることで生まれる香ばしさは、カレーに溶け込むことで圧倒的なおいしさになります。よくお店のカレーなどで玉ねぎをあめ色に炒めて……という話を聞くのは、まさにこのことなのです。

## 野菜と季節を軸にした組み立て方

考え方がわかったら、あとは実践のみ。春夏秋冬の定番の野菜をベースに組み立ててみましょう。

まずは春といえば、キャベツ。合わせたいのは豚肉（キャベツがトンカツやショウガ焼きにも欠かせない野菜ということで）でしょうか。キャベツは味が淡白な野菜なので、ショウガやニンニクをしっかり利かせ、市販ルーは少なめのサラッとした仕上がりに。

みじん切りにしたショウガやニンニク、豚肉を順に炒めて水を加え、5〜10分煮た後キャベツを入れます。さっと煮たらルーを少なめに加えます。仕上げにもさらにおろしショウガを加えると、キリッとした味わいになりおすすめです。

夏だったらなすやトマトあたりを使いたいですね。暑い季節なのでコリアンダーやクミンでスパイシーに。タンパク源は、それに負けない強い味の牛ひき肉かあいびき肉でキーマ風にするのはいかがでしょう。もっとパンチを出すならラム肉でもおいしそう。

ひき肉とみじん切りにした玉ねぎ、ニンニク、ショウガを炒め、そこにスパイスを加えて炒め、少量の水を加えます。角切りにしたなすを加えてふたをし蒸し煮にしたら、カレー粉やルーを加えてさっと煮ます。その後またスパイスを入れても。トマトを使う場合は、角切りにしてルーと同時に投入してください。

秋にはやっぱりたっぷりのキノコ。味の濃いキノコには食べ応えがあって旨みが強い肉を合わせたい気分。とはいえ、キノコは火通りが早いので、肉は短時間でジューシーに仕上がる鶏もも肉などで。キノコの時はとろりと濃厚なルーカレーが私は好きです。

鶏肉を焼きつけたらキノコを炒め、好みで玉ねぎ、ニンニク、ショウガの香味野菜を加えて炒めます。そこに水を入れて肉が煮えたらルーを入れ、とろみをつける。こっくりさせたいので、仕上げにはショウガやニンニクではなく、バターやこしょうを加えるのがおすすめです。

そして冬。実は大根のカレーもおいしいですよ。大きめに切った大根は味が染みにくいので、お相手のタンパク源もじっくり火を通すものを選びます。骨つきスペアリブ、あるいは手羽元などはいかがでしょう。これらはスパイスが合うのでクミンやコリアンダー、さらにカルダモンがあればぜひ。そして大根から水気が出るので、スープカレーに仕立てるのが断然おすすめです。

肉を焼きつけた後、好みでニンニクやショウガを加え、水と大根、カレー粉を入れてやわらかく煮ます。最後にスパイスを投入。もしも深みが足りないなあと思ったらケチャップや醤油など塩味調味料を加えても。

その昔カレーといえば市販ルーでしたが、これは欧風のカレー風味の煮込みをお手本に、日本人が作り出した姿。世界を見回してもこのようなカレーを食べている国はなく、もっとさらっとしたものや、濃度があっても野菜から生まれるとろみを生かしたものだったりと、世界中でさまざまな形があります。そう、カレーは自由でいいのですよ。

# 巻きずしは、ハーフサイズで巻きすいらず

巻きずしといえば外で買うもの、というイメージが強い料理かもしれません。でも昔は、おかずとご飯が一緒になって作り置きもできるので、人が集まる時に重宝された料理でした。具材も、かんぴょうや干し椎茸と下ごしらえは面倒だけれど、そうした乾物はかつてどこの家でもストックしていたもの。そして何より、作っておけば切るだけでごちそうになりました。

ただ、当時の人が集まる場というと、10人以上のレベル。お米は一升炊いて、大きな飯台ですし酢を合わせ、巻きすを使って何本も……と今では想像外の量。そうなるとやっぱり面倒だし、少し食べたいだけだから買ってこようというのも頷けます。

普段ちょっと食べられるような、気軽な巻きずしが作れたら。実は私自身がそう思っていました。では、どうしたら？　いろいろ考えるうちに、ネックは、飯台と巻きすなのだということがわかってきました。

## 飯台の代わりにオーブンシートで

まず、すし飯のご飯は熱々であることが重要。熱いご飯にすし酢を混ぜるから均一に混ざり、その後すぐに広げて冷ますからこそ、表面の水分が飛ん

で、ベタつかず程よい水分量のすし飯ができあがるのです。なので、ご飯は文字通りの炊きたてで。中途半端に保温されたご飯で作るなら、ぜひそれをレンジで熱々にしてから使っていただきたい。

ご飯が炊き上がったらお釜のままほぐし、すし酢を回しかけて全体に行き渡るように混ぜます。その後、普通は飯台に移して冷ますのですが、最近はお持ちでない人も多いと思います。その場合は、できるだけ大きなお皿かバットに広げて冷ましましょう。

その際に使っていただきたいのが、オーブンシートです。実はこのシート、蒸気を通します。飯台は木が余分な水分を吸ってくれるわけですが、シートにご飯を広げると、余分な水分が蒸気となってシートを通り抜け、外に逃げてくれます。やってみると、ペーパーの下のバットには出てきた蒸気が水に戻ってびっしょり。これがご飯に残ったままだと、すし飯はベチャベチャになってしまいますよね。

**のりは半分のサイズで**

いざ、巻きずしを作るのですが、もう一つのネックが巻きすではないでしょうか。飯台と同じく、最近は持っていない人も多いでしょう。のり1枚で巻くには必要不可欠ではありますが、半分のサイズだったらなしでも巻けることが判明！　これが簡単で作りやすいんです。

のりは縦半分に切って縦に置きます（のりが薄い時は2枚重ねるとよい）。すし飯を、のりの奥をあけた2/3程度にきっちり隅まで広げ、全体を指で押さえて平らにならします。

具材は手前側に棒状にまとめて置きます。この時バラバラした細かいものは下に、キュウリのようなしっかりしたものを上に置くと、持ち上げた時に細かい具が落ちてきたりせず巻きやすいはず。手前ののりを両手で持ち上げたら、くるくるときつめに巻きましょう。巻き終わりを下にしてしばらくおけば、のりが湿ってしっかりくっつき、あっという間にハーフサイズの巻きずしが完成です。

具材は細く切った豚カツを巻いても、ハムやチーズを巻いてもよし。あるいは残りもののきんぴらでも。

だったら、すし飯だって普通のご飯の方がラクだしいいのでは！　そう思いがちなのですが、実際やってみたところそれは×。やっぱりすし飯だからおいしいのだということを実感しました。

巻き上がったら、濡れふきんで湿らせた包丁を大きくすべらすように前後に動かし（下に押し切ってつぶさないように）切って盛りつけましょう。

日々の夕飯からおもてなし、お弁当にまで、もちろんちょっとしたおやつにだって。家庭内絶滅危惧種となりそうなお料理だけど、気軽に作ってみれば、それは楽しく、とてもおいしい。ぜひ普段から作ってほしいですね。

---

## 基本の巻き寿司

**材料**（ハーフサイズ・4本分）

すし飯……300グラム
のり（縦半分に切る）……全形2枚
椎茸の含め煮……4枚分
厚焼き卵（棒状に切る）……卵3個分
三つ葉……1束
塩……少々

**［すし飯］**（600グラム分）

米……2合
水……360ミリリットル
昆布……5×10センチ1枚
すし酢
　米酢……40ミリリットル
　砂糖……大さじ1〜1 1/2
　塩……小さじ2/3

**［椎茸の含め煮］**

干し椎茸……10枚
砂糖……大さじ4
みりん……大さじ2
醤油……大さじ3

**［厚焼き卵］**

卵……3個
砂糖……大さじ1 1/2
酒……大さじ1/2
塩……少々
サラダ油……適量

①すし飯を作る。米は分量の水と昆布を入れて30分ほど浸水させ、炊く。すし酢の材料は混ぜ合わせてよく溶かす。ご飯が炊き上がったら内釜にすし酢を回し入れて全体を手早く混ぜ、オーブンシートを敷いたバットに広げる。うちわなどで冷ましながら手早く混ぜる。

②椎茸の含め煮を作る。干し椎茸はさっと洗ってボウルに入れ、水1 1/2カップを加えて2時間ほどおいて戻す。時間がない場合は、耐熱ボウルにかぶる程度の水とともに入れて落としラップをし、レンジで5分加熱して冷ます。

③軸を除いて薄切りにし、水気を絞り、鍋に入れる。戻し汁と砂糖を加えて弱火にかける。沸いたらアクを丁寧に除き、弱めの中火にして5分ほど煮る。醤油とみりんを加えて火を弱め、煮汁がほぼなくなるまで20分ほど煮含める。

④厚焼き卵を作る。卵は溶きほぐして調味料を全て加え、しっかり混ぜる。あれば万能濾し器で濾すときれいに仕上がる。

⑤卵焼き器にサラダ油を薄くひいて熱し、卵液を5ミリ程度に流し入れる。表面が大方固まってきたら奥から3つに折り畳む。奥に寄せて空いた場所にサラダ油を塗り、再度卵液を流し入れる。同様に繰り返し、厚焼き卵を焼く。

⑥三つ葉は根元を切り、バラけないように輪ゴムで止める。熱湯に塩を入れ、三つ葉を根元から入れて20秒ほどゆでて冷水にとる。冷やしてしっかり水気を絞る。

⑦太巻きを作る。のりの裏面を上にして縦に置く。酢水で手を濡らし、4等分にしたすし飯を手前から2/3の位置に四角く広げる。

⑧椎茸、卵、三つ葉の順にのせ、手前から具を包み込むようにくるくる巻く。巻き終わりを下にしてしばらくおき、安定させる。濡れふきんで湿らせた包丁で、手前から奥に動かしながら食べやすく切る。

# 名もなき副菜 アイデアチャート

野菜でもう一品欲しい、そんな時には台所にある野菜をもとに、
調理法、味つけ（テイスト）を組み合わせると考えやすいと思います。
通年野菜を使った例もアイデアの参考にしてみてください。

＊176ページ参照

| 生食<br>塩もみ、調味料漬け、ドレッシング和え | 焼く・炒める<br>フライパン焼き／炒め、グリル／トースター焼き | 煮る・蒸す<br>炒め煮、煮浸し、だし煮、スープ煮、レンジ蒸し、エチュベ（蒸し）＊ | |
|---|---|---|---|
| 大根の甘酢和え／アボカドのわさび醤油和え／きゅうりのもろみ添え／水菜の梅ドレッシング etc. | なすのバター醤油焼き／輪切りれんこんのこんがり照り焼き／にんじんのきんぴら／かぶのグリル焼き ゆずこしょう添え etc. | 小松菜の煮浸し／カボチャのバター醤油蒸し／なすの旨煮／長いものだし煮 etc. | 和食 |
| コールスロー／キャロットラペ／レタスのシーザー風／かぶのサラダ レモンドレッシング etc. | にんじんのグラッセ／ズッキーニのアーリオオーリオ／キノコのバターソテー／アスパラガスのバター焼き etc. | アスパラガスのバター蒸し／なすのトマト煮／じゃがバター／さつまいものレモン煮 etc. | 洋食 |
| セロリの花椒ドレッシング／ラーパーツァイ／長いもの中華醤油漬け／にんじんとザーサイの中華和え etc. | もやし炒め／青菜炒め／トマトの中華炒め／セロリの中華炒め etc. | 蒸しなすの中華ダレ／蒸しレタス オイスターソース／蒸しブロッコリーのごまダレ／インゲンの中華煮 etc. | 中華 |
| 玉ねぎのアチャール／春菊の韓国風サラダ／ピーマンのナムル／ミニトマトのカレーピクルス etc. | キノコとキムチの炒め物／青菜のナンプラー炒め／パプリカと玉ねぎのナンプラーオイスターソース炒め／ズッキーニのカレー炒め etc. | じゃがいものサブジ／蒸し豆もやしのナムル／蒸しなすのエスニックサラダ／じゃがいものコチュジャン煮 etc. | エスニック |

→ p.126

→ p. 76

止
点火
点火

→ p.217

→ p.112

→ p.184

季節を愛でれば
料理がもっと楽しい

# 蕗のとうからこごみまで

山が好きで若い頃は足繁く通っていました。山菜に興味を持ち始めたのは、それがきっかけだったと思います。

地元の人は春の訪れを待ちかねたように山に入り、採った山菜は丁寧に処理されて食卓を賑わせます。店には並ばない山菜の種類から食べ方、保存方法など、地元の人にいろいろなことを教わりました。

都会の寒さが緩む頃、最初に店先で目にするのが蕗のとう。天ぷらが定番ですが、私は蕗のとう味噌を作ります。

蕗のとう味噌とは本来、たくさん採れた蕗のとうをたっぷりの味噌でしっかり練り上げることで長期保存させるものですが、店で調達するのならせいぜい1〜2パック程度のものでしょう。なので私は、蕗のとうの味わいを重視してあえてフレッシュに仕上げています。

## 少量で作るフレッシュな蕗のとう味噌

蕗のとうは、なるべく大きなものを選びます。ガクの硬かったり汚れたりしている部分は取り除き、しっかり水洗いをし、熱湯でさっとゆでてアク抜きをします。水にさらして軽くもみ、ぎゅっと絞ってから細かく刻み、多めの油をひいたフライパンで香りがぐっとあがってくるまで2分ほど炒めましょう。この多めの油がポイント。蕗のとうが油でしっとりするくらいたっぷり使います。油のコクが山菜の独特のえぐみや苦みを和らげ、おいしくしてくれるのです。

香りが立ってきたら同量程度の味噌と、味噌の半量程度の砂糖を加えます。手早く炒め、砂糖が溶けて味噌がふつふつしてきたらできあがり。冷めたら保存容器に入れて冷蔵保存、3週間くらいで食べ切りましょう。

これは蕗のとう味噌というより、蕗のとうの味噌炒め、といった仕上がりになります。たっぷり入った蕗のとうのしっかりとしたほろ苦さが、縮こまっていた冬の体を目覚めさせるような味わいです。[*1]

ご飯に合うのはもちろんですが、肉や魚、豆腐などの料理に使うのもおすすめです。

豚肉を炒めた仕上げに加えてさっと炒め合わせたり、[*2]魚だったら鰆を焼いた仕上げにのせてさっと焼いたり。いつもの豚肉炒めや焼き魚が、ぐっと春の小料理屋の味わいになります。湯豆腐にちょこっとのせたりスティック野菜のつけ味噌にしたりしても。

なにせ作る量が少ないので、春が終わる頃にはなくなってしまう。それくらいの量がまたちょうどいい。その後、タラの芽やコシアブラ、ワラビと山菜シーズンは続いていきますから。

## こごみとホタルイカ

そんな山菜シーズンの終盤となる4月末頃に出回るのが、こごみです。こごみはアク抜きの必要がないので山菜の中でも使いやすく、独特のコクと、シャキッとしながら噛んだ後にわずかなぬめりを感じる食感が特長です。ゆでてくるみ味噌やごまダレで和えるのが定番ですが、我が家ではガーリック炒めが人気です。

きれいに洗ったこごみは水をきり、長いものは先端と軸に切り分けます。フライパンにニンニクスライスとたっぷりのオリーブ油を入れて中火にかけ、香りが立ってニンニクが少し色づき始めたら、まずは軸から炒め、続いて先端を加えましょう。軽く火が通ったら、塩でも醤油でも、好みで味つけするだけ。

これだけでも十分おいしいですが、我が家のお気に入りは、この時期に出回るホタルイカを仕上げに加えてさっと炒め、醤油で味つけするというもの。

この、こごみとホタルイカのガーリック炒めが食卓にあがるようになったら、春もそろそろ終盤。春の芽吹きである山菜を堪能することで、体も気持ちも、不思議と暑い季節に向かえるような気持ちになります。

＊1

## 蕗のとう味噌

材料（作りやすい分量）

蕗のとう……大5～6個
味噌……大さじ4
砂糖……大さじ2（好みで）
サラダ油……大さじ2
塩……適量

①蕗のとうはガクを除き、塩を入れた熱湯で1～2分ゆでる。水にさらして水気を絞り、細かく刻む。

②フライパンにサラダ油を熱し、弱めの中火で①を1～2分炒める。味噌、砂糖を加え、香りが立ちしっとりするまで炒める。

＊2

## ウドの豚と蕗味噌炒めのせ

材料

蕗のとう味噌……………約大さじ2
豚肩ロース薄切り
（またはこま切れ）肉……200グラム
ウド……………………1/2本（100グラム）
サラダ油……………………小さじ1
塩、こしょう………………各適量

①ウドは皮をむき、薄切りにして酢水にさらす。サラダスピナーなどで水気をしっかりきり、大きめの器に盛る。豚肉は食べやすく切り、軽く塩、こしょうを振る。

②フライパンにサラダ油を強めの中火で熱し、豚肉を炒めてほぼ火が通ったら蕗のとう味噌を加えてさっと炒め合わせる。①のウドにかけ、ざっと混ぜて食べる。

## グリーンピースを鍋いっぱい煮る

大豆やインゲンなど乾燥して貯蔵する豆の収穫は秋ですが、フレッシュなものをさやごと、あるいは生で楽しむ種類は春〜夏が旬。絹さや、グリーンピース、スナップエンドウ、そして初夏に向けてそら豆、枝豆、サヤインゲン……と収穫の時期がリレーのように続きます。

日本では料理の彩りとして使われることが多い食材ですが、一品として仕上げる際にも、その色合いを際立たせるように、熱湯でさっと塩ゆでしてすぐに冷水に落とし色止めをしてから和え物やおひたしにするなど、これらは彩りを楽しむ野菜の代表のように思います。でも、ところ変われば使い方も変わる。フランスのグリーンピースは、ちょっと違っていました。

### 色が変わるまでくたくたに

フランスのレストランでは、春の食材を使った料理のメニューには大抵「春風《はるふう》(printanier, printanière)」と記されています。そして、他の食材をあれこれ合わせず旬の時期にその野菜を心ゆくまで堪能すべく、たっぷり使って野菜メインの料理を作るのです。その代表がグリーンピース。皿に盛られた山盛りの量！　当時、本当に驚きました。でもほっくり煮えたグリーンピースを口いっぱいに噛みしめると、「ああ、春が来た！」と実感。フランスのグリーンピースは日本のものほどホクホク感は少ないですが、小ぶりで甘みが強くジューシー。今なお忘れられない味です。

さて作り方は簡単。材料はグリーンピース以外に、甘みと深みを足すための玉ねぎを少し。グリーンピースの大きさに揃えて角切りにし、旨み足しのためにベーコンも少し。ポイントは主役より大きく切らないこと。

香味野菜とベーコンは、バターで焦がさないようにさっと炒めます。続いてグリーンピースと水をひたひたに加えてふたをし、蒸し煮にするだけ。仕上げに生クリームを加えるとよりおいしいですよ。

豆の歯応えが残るくらいに仕上げると彩りも美しくていいですが、私が好きなのは現地風。じっくりと色が変わるくらいまで煮て甘みを引き出し、やわらかく仕上げます。味つけは塩のみ、好みでこしょう少々。

時にはハーブを入れて煮たり仕上げにサラダ菜を入れたりもするけれど、基本的にはシンプルが好み。つけ合わせではなく、メインとしてお皿いっぱいいただきます。

## たっぷり作れば余りのお楽しみも

そしてこのお料理、ぜひたっぷり作って少し残してほしいのです。それは、ポタージュという後のお楽しみがあるから。残ったグリーンピースと牛乳(豆の残量によっては水も少し)をミキサーにかけるだけ。春先のまだ肌寒い日にこんな一口スープがあると、縮こまった体がほぐれてほっとできます。

それから、フランスではこれをソースにしてしまうという技も! 残ったグリーンピースに生クリームを入れて軽く煮詰めれば、春のクリームソースのできあがり。ソースの優しい味わいと合わせるのは、淡白な鶏むね肉のソテーがいいですね。パスタや、炒めた米と合わせ水を加えて煮込めばリゾットにも。

余りがちな煮込み野菜も、フランス人のようにスープやソースにリメイクする方法を覚えておけば、煮汁まで一滴も残さず食べられる。今時の賢い食べ方といえますよね。

## グリーンピースの煮込み

材料（作りやすい分量）

グリーンピース……300グラム
玉ねぎ……1/2個
ベーコン……2〜3枚
バター……10グラム
生クリーム（あれば）……1/4カップ
水……1/2カップ
ローリエ……1枚
塩、こしょう……各適量

①玉ねぎは7ミリ角、ベーコンは5ミリ幅に切る。
②鍋にバターを入れて火にかけ、泡立ってきたら①をさっと炒める。グリーンピース、分量の水、ローリエを加えてざっと混ぜ、ふたをして5分ほど蒸し煮にする。ふたを外し、火を強めて煮汁を煮詰め、あれば生クリームを加えて軽く煮詰め、塩、こしょうで調味する。

# フランス人が愛する春のホワイトアスパラ

ホワイトアスパラガスが大好物です。が、実を言うと子どもの頃は大嫌いなものでした。当時は今のように生のものはなく缶詰が主流。これがどうにも苦手だったけれど、父親がマヨネーズで食べるのが好きで時折食卓にあがるんです。その頃は好き嫌いが許されない時代。皿に仰々しく並ぶ姿を見ると気分が下がったものでした。

時は過ぎ、グリーンアスパラガスが日本でも栽培されるようになり、ホワイトアスパラガスとは土をかぶせることで緑にならないように栽培したものだと知りました。そしてこの野菜のおいしさに出合うのは、その後フランスで料理を学ぶようになってからのことです。

フランスでは4月に入りようやく春の兆しが見える頃、マルシェにホワイトアスパラが並び始めます。それは、日本で見るよりも太く、味は濃く、ほろ苦さも感じるワイルドなもの。当時、現地の家庭にお呼ばれして、子どもの頃に見たままのホワイトアスパラに嫌な予感を覚えたのも一転、恐る恐る口にした時の驚きたるや！　そのジューシーな味わいに感動しました。

## 春の味をたらふく食べ尽くす

フランス人が春の到来とともにホワイトアスパラガスを愛でるのはいわば、日本人が筍を愛でるのに似ているのですが、面白いのは、日本のようにいろいろな料理に少しずつ、ではなく、アスパラだけをたらふく食べるということ。一度に大量にゆでられるアスパラガス専用の鍋や、それをのせる専用の皿があるという熱の入りよう。最低でも太いものを一人3本、人によっては5本以上食べたりします。

そんな大事な野菜なので、ゆで方だって力が入ります。根元の硬い部分をピーラーで薄くむくのはグリーンアスパラガスと同じですが、現地ではむいた部分だって捨てません。ゆでる湯に入れてしっかり煮立て、旨みを湯に移してから、塩を入れて(味つけのためなので少し多めに。野菜の0・5パーセントと、パスタをゆでる時より少し少ないくらい)好みの硬さにゆでてあげます。ちなみにフランス人はやわらかめが好み。

日本人ならそのままシンプルにというところですが、フランス料理はソースが命。ホワイトアスパラガスには、オランデーズソース(バターで作ったマヨネーズのような、エッグベネディクトに使うソース)をかけるのがクラシック。ただ最近は、シンプルにソース・ヴィネグレット(129ページ)や、

ホワイトアスパラガス

塩とオリーブのみで食べるシーンも増えましたね。

B品や根元だけといったものも出回るので、さっとゆでて軽めのホワイトソースと和え、グリュイエールチーズを散らしてグラタンに。根元の硬い部分は刻んで玉ねぎなどと一緒に炒めた後、水を張ってやわらかく煮てポタージュに。繊維が多いので、ミキサーにかけてざる濾しします。

日本では高価な食材なので、ポタージュにするのは贅沢なことですが、捨てるような部分まで食べ尽くす、フランス人ならではの知恵が詰まった逸品なんです。

## 日本のアスパラの優しい味わいを活かす

ここまではフランスでの話。一方の日本のホワイトアスパラガスはというと、現地と比べると圧倒的に苦味がなく優しい味わいが特徴。その優しさを活かすべく、ゆでたて熱々のものをオリーブ油と塩で食べる方法がおすすめです。

もう少しコクが欲しい時はバターの風味をプラス。ゆでるのではなく、鍋にアスパラ、少量の水、バター1かけを加え、ふたをして蒸し煮にします。フランス料理ではエチュベと呼ばれる方法です。溶けたバターがアスパラを包み、その風味をまとわせつつ、野菜の旨みも逃さずジューシーに仕上がります。味つけは塩、白こしょうで十分。
あるいは、エチュベにしたアスパラガスを数本フライパンに残し、そのまま加熱してもおいしい。水分が飛んでバターが軽く色づき、野菜の甘みとともに軽いキャラメルのような風味に仕上がります。こちらはぜひ塩と黒こしょうで。

ゆでただけのジューシーな仕上がり、バターがふんわり香るエチュベ、焼きつけることで生まれるキリッとした濃厚な味わい。使うのはアスパラガスと油脂だけですが、これこそが春の贅沢。ホワイトアスパラガスのおいしさを堪能するには、どれもぴったりの方法だと思います。

# 春のばらずし

春になると、ちらしずしが食べたくなります。椎茸や卵焼き、穴子やエビなどの具材を細かく切って混ぜる、関西ではばらずしと呼ばれるものです。寒さが緩み始めた頃、それを食べると春がきたなあと思います。

それは子どもの頃、祖母が春になると作ってくれた記憶からかもしれません。具材が煮える香りがするなか、祖母が炊きたてのご飯にすし酢を合わせた後、うちわを急いであおぐのは私の仕事。今でも風景として、匂いとして、私の記憶に鮮明に残っています。

いざ作るとなると数種の具を揃えるのは結構面倒ではありますが、でもやっぱり食べたくなり、作るとおいしい。かれこれ20年以上、毎年春になると一度は作る思い出の味です。

## 春の野菜をふんだんに

ばらずしといえば、地域や家庭、季節によって材料はさまざま。我が家では春になると定番のものに春の食材を加えて作ります。私はこの春限定のばらずしが大好きです。

まずは野菜から。何より入れたいのが新物の筍です。根元は小さく刻み、他の部分は食べやすく切ります。やわらかい部分は大きめに切って、仕上げに散らしてもいいですね。醤油、みりんで味つけしただしで煮含めます。

続いて、蕗もぜひ入れてほしい。適当な長さに切った蕗は多めの塩で板ずりしてから熱湯で軽くゆでて水に落とします。皮をむいて小口切りにし、だしと醤油、みりんで煮含めます。

そして干し椎茸の含め煮です。水でふっくら戻した椎茸は薄切りにし、だし、みりん、砂糖を入れて少し煮た後、醤油を加えて煮ます。芯まで味が染みるよう、20分くらい時間をかけて丁寧に。

もう一つ加えるとしたら、酢を利かせたれんこんを。カリカリとした食感が、おいしさを引き立てます。

## 魚介が決め手

そして忘れてならないのが、魚介です。特に焼き穴子は味が濃く仕上がり私は大好きなのですが、白身の魚を塩焼きにしてほぐしたものも、祖母はよく入れていました。淡白な味わいの魚介を選んでくださいね。もっと気軽にしらすや刻んだちくわでもＯＫです。

大事なのは、すし飯に混ぜ込む具材は必ず小さく刻むこと。このおすしは、あくまでもご飯と具が合わさった状態を楽しむもの。だからこそ、具の味つけは濃すぎず、主張しすぎないように。そしてご飯になじむよう小さく刻むのが大事なのです。すし飯は、関西は少し甘めのすし酢で準備します。

すし飯が用意できたら、冷ましておいた具を投入。ご飯を潰さないようにさっくりと、でもまんべんなく具が行き渡るよう丁寧に混ぜましょう。そして仕上げには錦糸卵を忘れずに。たっぷりのせて、木の芽や絹さやを散らせばできあがりです。

見た目は地味だし、手間もかかる。それでも毎年作るのは、やっぱり食べたいから。一年に一度だけ、腕まくりをして作りたくなるような、大好きな料理があるのも悪くないと思える大事な味です。

## すし飯さえあれば何を混ぜても

そうは言っても時間が……という方、ご安心を。ちらしずしは懐が深い料理です。すし飯に何かを混ぜれば、それはもう正真正銘ちらしずし。

たとえば、鮭フレークと白いりごま、大葉を刻んで混ぜるだけの鮭ちらしは、忙しい晩ごはんの救世主に。まぐろの赤身のお刺身をわさび醤油で漬けにし、しそ、ミョウガなどの薬味とともにすし飯に混ぜ込めば、お酒の席のちょっとしたシメのご飯にも。錦糸卵の代わりに刻んだのりで十分です。

ハムとイタリアンパセリなどのハーブでも、蒸し鶏と刻んだ柴漬けなど漬け物でもいい。冷蔵庫にあるものを自分なりに合わせればいいんです。ちなみに、白いご飯でなくあくまでもすし飯が大事であることは、巻きずしの項でお伝えした通りです（147ページ）。

伝統を全うしようと思うと、手間のかかる料理はなかなか食卓にあがらなくなる。でも、大事なのは、具とすし飯。そう考えれば、少し気持ちが楽に。気軽にちょっと作ってみようかな、と思えるのではないでしょうか。

## ばらずし

材料（作りやすい分量）

［すし飯］
- 米……3合
- 水……540ミリリットル
- 昆布……5×10センチ1枚
- すし酢
  - 酢……75ミリリットル
  - 砂糖……50グラム
  - 塩……大さじ1/2
- 焼き穴子……3尾
- 絹さや（さっとゆでる）……50グラム

［蕗の旨煮］
- 蕗……150グラム
- A
  - だし汁……1カップ
  - 淡口醤油……大さじ1 1/2
  - みりん……大さじ1 1/2

［椎茸の含め煮］
- 干し椎茸……6枚
- 砂糖……大さじ3
- 醤油……大さじ2〜3
- みりん……大さじ1 1/2

［酢れんこん］
- れんこん……100グラム
- A
  - 酢……大さじ3
  - 塩……小さじ1/4
  - 砂糖……大さじ1
  - 水……1/2カップ

［筍の旨煮］
- 筍（新物）……200グラム
- A
  - だし汁……1カップ
  - 淡口醤油……大さじ1 1/2
  - みりん……大さじ1 1/2

＊あればにんじん100グラムを角切りにして、筍の旨煮のAの半量で同様に10分ほど煮たものをすし飯に混ぜてもおいしい。

［錦糸卵］
- 卵……5個
- 塩……少々
- サラダ油……適量

①すし飯を作る。作り方は151ページ参照。

②椎茸の含め煮を作る。作り方は151ページ参照。

③焼き穴子は魚焼きグリルかトースターでさっと温め、5ミリ幅に切る。白身魚などの場合は塩焼きにし、冷まして骨と皮を除いて身をほぐす。

④筍の旨煮を作る。筍は下ゆでして根元は小さめの角切りにし、穂先は薄切りにする。鍋にA、筍を入れて落としぶたをし、火にかける。煮立ったら弱火にし、時々混ぜながら20分ほど煮る。ふたを外し、強めの中火で煮汁がほぼなくなるまで煮詰める。

⑤蕗の旨煮を作る。蕗はフライパンに入るくらいの長さに切る。まな板にのせて塩約大さじ1/2（分量外）を振り、板ずりをする。フライパンに湯を沸かして蕗を30秒ほどゆで、水にさらして冷ます。縁から丁寧に皮をむき、3〜5ミリ幅の小口切りにする。

⑥鍋にA、蕗を入れて火にかけ、煮立ったら弱火で5分ほど煮る。火を止めてそのまま30分以上おき、味を含ませる。

⑦酢れんこんを作る。れんこんは2ミリ幅の半月またはいちょう切りにして洗い、水（分量外）に5分ほどさらす。鍋にAを入れ、煮立ったられんこんを煮る。2分ほどして透明感が出てきたら火を止め、そのまま冷ます。

⑧錦糸卵を作る。卵を溶きほぐして塩で調味する。卵焼き器またはフライパンにサラダ油を薄くひいて熱し、卵液を少量流し入れて全体に広げる。底が焼き固まったらフライ返しなどで返して裏面もさっと焼き、取り出して冷ます。残りも同様に行い、4〜5センチ幅に切って細切りにする。

⑨すし飯に筍の旨煮、蕗の旨煮を混ぜる。半量を大皿に薄く広げ、椎茸の含め煮、焼き穴子、酢れんこんをそれぞれ半量ずつ散らし、残りのすし飯、具を同様に広げる。仕上げに錦糸卵をたっぷりのせ、ゆでて細切りにした絹さやを散らす。

# 早春の小粒イチゴ

最近は、一年の中でイチゴが買いにくいのは真夏から秋の初めくらいで、それ以外は、探せば大抵どこかで手に入る果物になりました。でもやっぱりおいしいのは、寒い冬が終わり暖かくなってきた早春のもの。特に私が好きなのは小粒のイチゴです。酸味と甘みをしっかり感じられる、濃い味と強い香り。この小粒イチゴ、生食ももちろんいいですが、加熱してこそ力を発揮するんです。

## ジャム作りのご褒美

我が家では、この小粒イチゴが出回り始めると、ジャム作りが始まります。ジャムというと大量のイチゴを……と億劫にもなりそうですが、私が使うのは2パック程度の気軽な量。きれいに洗ってへたを取り、イチゴの半量程度の砂糖と合わせて煮ていきます。大事なのは、砂糖をまぶして1時間ほどそのままおいておくこと。浸透圧によってイチゴから水分が出てきます。その水分で砂糖が溶けてたっぷりのシロップになるので、そのまま火にかけ、煮立ったら弱火でゆっくりかき混ぜながら加熱していきます。水分が出る前に火にかけると焦がしてしまいます。

きれいなジャムに仕上げるためにはアクを丁寧に取ることも重要ですが、

ここで一つお願いがあります。アクを取る際のボウルには水を張らず、シロップごとアクをすくって集めてほしいんです。これをしばらくおいておくと、アクの泡が小さくなるのでそれを除けば、きれいな赤いシロップが顔を出します。これがとってもフレッシュでおいしい！　炭酸で割ってもよし、ヨーグルトにかけてもよし。こっそり一人でいただくくらいの量なので、私は「ジャム作りのご褒美」と密かに呼んで楽しみます。

アクを取ったイチゴは、好みの加減に煮詰めていきましょう。こうしてできたシンプルなイチゴジャム、そのままでもよいですが、フレーバーをつけてもまた楽しい。フランスでジャム作りを手伝った時に教わった方法です。例えば、イチゴにラズベリー（冷凍でも）を少し混ぜて2種のベリージャムにすれば香り高い複雑な味に。あるいは、仕上げにミント（3〜4枚）やローズマリー（1枝）などのハーブを入れてひと煮立ちさせて火を止め、冷めたら枝を除いて保存すれば、スッとハーブの爽快感が感じられる仕上がりになりますよ。

私の作るジャムは砂糖が少なめなので、日持ちはさほどしません。でも、少しの量で作るからこそ大仕事にはならず、バリエーションも気軽に楽しめる。そこが毎年欠かさず作り続けられる所以《ゆえん》なのかもしれません。

## 小粒イチゴだからこそのヨーグルトケーキ

そしてこの時期、我が家でもう一つ欠かせないのが、イチゴのヨーグルトケーキ＊。ヨーグルトを入れたマフィン生地のお菓子なのですが、これまた、小粒イチゴがないとできないお菓子なのです。

まず、やわらかくしたバターと砂糖を合わせてすり混ぜます。そこに溶き卵を少量ずつ加えながら混ぜ、プレーンヨーグルトを加えて混ぜ、ふるった薄力粉とベーキングパウダーをさっくり混ぜ合わせれば生地は完成。これをオーブンペーパーを敷いたタルト型に流して焼くのですが、このケーキの一番大事なのはここから。もちろんイチゴです。

型に流した生地に、ヘタを取った小粒イチゴを少し頭が出るくらいに埋め込んでいきます。それも結構たっぷりの量を。全体にグラニュー糖を振りかけてから200℃に予熱したオーブンへ。甘いジャムとは違い加熱されて酸味が立ったイチゴと、生地の甘さが相性抜群。ケーキだけでは平凡、イチゴだけでは酸っぱいだけの代物でも、一緒になるとこんなに素敵な味わいになるんだ、と初めて作ってみた時に驚きました。大粒のイチゴを切って同じように作っても、これほどの感動はありませんでした。

私にとって、小粒イチゴは「春が来た」ことを教えてくれ、その記憶を加工して長く春を楽しみたい、そんなふうに思う果物です。

＊

## イチゴのヨーグルトケーキ

材料（直径18センチのタルト型1台分）
イチゴ（小粒）……150〜200グラム
薄力粉……75グラム
ベーキングパウダー……小さじ1/2
無塩バター（常温に戻す）……40グラム
砂糖……40グラム
卵（溶きほぐす）……1個
プレーンヨーグルト……25グラム
グラニュー糖……大さじ1

①ボウルに常温でやわらかく戻したバター、砂糖を入れ、泡立て器で白っぽくふんわりするまですり混ぜる。溶きほぐした卵を少しずつ加えながらすり混ぜ、ヨーグルトを加えて混ぜ合わせる。
②薄力粉、ベーキングパウダーを合わせてふるい入れ、ヘラでさっくり混ぜてオーブンシートを敷いた型に流し入れる。ヘタを除いたイチゴを逆さに並べ、軽く押さえて埋める。グラニュー糖をまぶし、200℃に予熱したオーブンで約25分焼く。

# 上田家の梅仕事史

6月に入ると、なんとなくそわそわとした気持ちになってくる。そんな人も多いのではないでしょうか。なぜならこの季節は、この時期にしかできない保存食作りに忙しいから。いろいろありますが、その代表選手といえば、やっぱり梅でしょう。

## 梅シロップはハーブやスパイスで大人仕様に

大きく実った青梅が店頭に並び始めるのが6月初め。我が家の梅仕事はここから始まります。子どもたちが小さかった頃は梅シロップがメインでした。

竹串で数ヶ所に穴を開けた青梅と、氷砂糖より溶けやすい上白糖を同割の分量で、保存瓶に交互に入れます。砂糖が湿ってきたら瓶を揺すって全体に馴染ませ、しばらくおいてまた揺すり……を繰り返す。1週間くらいしてエキスと砂糖が混ざれば完成です。

蒸し暑くなり始めた梅雨の時期の梅ジュースは、体にすっと入って心地いいもの。真夏にはかき氷にかけたりゼリーにしたり。昔は何キロ作っても夏の終わりまでもたない、季節の人気者でした。

さてこの梅ジュース、子どもたちが大きくなった今では作る量がぐっと減り、代わりに少しアレンジを利かせて楽しむようになりました。

漬ける時にローズマリーやローリエなどのフレッシュハーブ、粒こしょうやシナモンなどのスパイス、そして風味づけにレモンの輪切りなどを加え、大人仕様にするというもの。

普段の飲み物としてはもちろん、自宅でちょっとしたお酒の席を設ける時に、お酒が強くない方にも洒落た一杯を召し上がっていただけて、重宝しています。

## ジンで作る梅酒

そして、子どもが大きくなるにつれ毎年作るようになったのが、梅酒です。大人になった息子たちが、甘いシロップからお酒に嗜好が変わるとともに、またもや青梅の季節にそわそわする我が家となりました。

最初はホワイトリカーから始まり、そのうち日本酒、ブランデーと漬け込むアルコールもいろいろ試し、ここ数年は、ジンで梅酒を作っています。氷砂糖の量も毎年試行錯誤の末、今は梅1キロに対し600グラム、ジン1・5リットルと、かなり甘さ控えめに落ち着きました。作り方は簡単。保存瓶に梅と氷砂糖を交互に入れ、アルコールを注ぐだけ。半年漬ければ完成です。

## 自分好みを追求しながら漬ける楽しみ

ここ数年、この梅酒作りは息子たちの仕事でしたが、彼らも独立し、今ではそれぞれが自分の家で少しずつ梅酒を漬けています。

消費する人が多ければ、季節の手仕事は一年分として大量に作らねばと思いますが、年齢を重ねて家族も減ると、多くの量は必要なくなりますね。

一方で、自分が楽しむために好みを追求し、少しだけ仕込むという、新たな楽しみ方が見えてきました。今年は息子たちとあれこれ言いながら出した配合で1キロ分を仕込みましたが、来年は、1キロの梅を3〜4等分にして、漬け込むお酒や甘さもいろいろ変化をつけながら何種類かを少量ずつ楽しもう、そう目論んでいます。

→ p.237

→ p.178

→ p.205

→ p. 214

# 新ショウガとらっきょう

梅と並び、夏前のひと時に出回る新ショウガとらっきょう。梅に比べ自家製にする人は少ないかもしれませんが、自分好みの味つけにできるよさはやはりあります。何より仕込みが簡単だし、夏の食卓の箸休めにとても便利です。

新ショウガは4月ごろから9月にかけてその姿を見かけるので、一度に多くを仕込まず2〜3週間で食べ切れる量を少しずつ作ります。一方らっきょうは6月前後と時期が限られるので、こちらはよいものを見かけたら買ってすぐに作業しています。

## ガリは切り方を変えて漬けると便利

新ショウガといえば甘酢漬け。おすし屋さんでいうガリですね。実はこのガリの魅力を改めて教えてくれたのは、我が家に遊びにきたフランス人の友人でした。フランスに出回るのはひねショウガのみで、アジア料理などにごく少量使うくらい。新ショウガなどもちろん皆無でした。また甘酢といえばピクルスですが、フランスはピクルスに砂糖が入らず、一口かじれば体がキュッとなりそうな酸っぱいものが多い。そんななか、彼は私が箸休めとして出した甘酸っぱくやわらかな刺激のガリに驚き、料理そっちのけで夢中になっていたんです。

さてこのガリですが、作り方はいたって簡単。新ショウガはきれいに洗って薄切りにします。熱湯で数秒ゆで、熱いうちに甘酢に漬けるだけ。冷めたら漬け汁ごとそのまま容器に入れ、冷蔵庫で保存すれば半年はもちます。すぐ食べられますが1〜2日おくとよりおいしい。

漬ける甘酢の砂糖はお好みで。私は新ショウガ200グラムに対し米酢150ミリリットル、砂糖50グラム、塩大さじ1/2程度の配合。砂糖がかなり少なめですが、甘めが多い市販に対し、自家製ならではの味つけです。

そして私は、このガリを3種類用意します。といっても、粗みじん切り、薄切り、厚切りと、ただ切り方を変えて漬けるだけ。ショウガは形が不揃いなので、先のやわらかいところは5ミリ程度の厚切りに、中央の形のいいところは薄切りに、残りを粗みじんにすれば無駄なく仕上がりもきれいですよ。

こうしてできあがったガリ、薄切りはちょっとした箸休めとして料理に添えるほか、キュウリやミョウガと和えたり、蒸し鶏やレタスと合わせてドレッシング（醬油系でもフレンチでも）を絡めたりと、食欲が落ちる暑い時期に欠かせない一品です。厚切りは、もっぱら炒め物に。おろしショウガの代わりにこのガリを豚肉と一緒に炒めれば、いつものショウガ焼きが一気に夏向きの軽やかな一品に変わります。

そして粗みじん切りは、漬け汁ごとキュウリやミョウガ、しらすと一緒に熱々ご飯に混ぜれば簡単ちらしずしに。あるいはサラダのトッピングにしたりと、さまざまな仕上げ使いに展開できる。同じ形のものをたくさん作るよりも、利用度は広がると思います。

## らっきょうは1キロを甘酢漬けと塩漬けに分ける

続いてらっきょうです。こちらは夏〜秋で食べきれる量を仕込みます。長くもちますが、冬場はあまり出番がないのと、私は爽やかな浅漬けが好みなので。

らっきょうは1キロ単位で売られることが多いので、甘酢漬けと塩漬けに分けて仕込みます。

ちょっと手間ですが、泥つきのものを洗ってむきたてを漬けます。あまり大きくないものを選ぶと、漬かりやすいし、少しずつ食べられてより重宝しますよ。

甘酢漬けの作り方はガリとほとんど同じですが、熱湯でゆでることはしません。買ってきた泥らっきょうは洗って泥を落とし、表の皮をむいてから根元と芽を切り落とします。この時、汚れや硬い部分も丁寧に取ること。先に水に浸けておくと皮がむけやすくなりますよ。キッチンペーパーなどで水気を拭いて表面を乾かしてから、保存瓶に入れます。

漬け汁はらっきょう750グラムに対し米酢を3カップ、砂糖330グラム（私はきび砂糖130、上白糖200グラムの割合に）、塩大さじ3が目安。煮立たせて砂糖をよく溶かし、アクを取り除いてから保存瓶に注いで漬けましょう。

そして残りは塩らっきょうにします。8パーセントの濃度の塩水を沸かして漬けるだけなんですが、甘酢とは違ったキリッとした味わいで、まさに漬物感覚でいただけます。冷蔵で3週間ほど保存可能です。

ガリもらっきょうも、酢、塩、砂糖が入ります。これらは夏バテ防止に大事な要素でもあり、私は小さな容器に入れて夏場は必ず食卓に出すように。そうすることで、暑い日々も知らぬ間に体調管理ができている気がします。

# 本場のラタトゥイユ

私にとって大事な夏の料理、それがラタトゥイユです。南仏の代表的な野菜料理で、フランスではどの家でも夏になると鍋いっぱいに作ります。いわばおふくろの味といったところです。私がラタトゥイユに出合ったのは、約30年前、修業時代に訪れた南仏でした。ちなみに当時の日本では、フランス料理といえばオーセンティック&クラシックが当たり前という時代からヌーベルキュイジーヌと呼ばれる次世代の料理が知られ始めた頃。南フランスの田舎料理など、知るすべもない時代でした。

日本でメジャーになったのは、その後数年経ってから。南仏での暮らしをつづったエッセイ『南仏プロヴァンスの12か月』(ピーター・メイル著・河出文庫)が大ヒットし、この地の生活やハーブ、食べ物が流行したことがきっかけでした。世界中で健康志向が高まった時代でもあり、バターよりオリーブ油という風潮も、ラタトゥイユが広まった理由の一つになりました。

## フランスと日本の野菜の決定的な違い

そうして世界中に広まった南仏ブームを前に、私としては少し残念に思うことがありました。それは当時、日本で紹介されていたのは現地のレシピをそのまま日本語訳にしたものだったことです。問題は、日本とフランスでは育つ野菜の質が違うという点。雨の少ないフランスで育つ夏野菜は水分が少なく、大地にしっかり根を下ろすことで、ぐっと骨太で繊維もしっかりしています。一方日本の夏野菜は、梅雨を経て実りが始まるので、みずみずしい味が特徴。繊維もしなやかで、短時間で火が通ります。

フランスの野菜を前提にした本国レシピで作ると、似て非なる、水分たっぷり具だくさんスープのような仕上がりになってしまいます。さらにもう一つ。ラタトゥイユに欠かせないハーブミックスであるエルブ・ド・プロヴァンス。これが当時は日本では手に入りませんでした。これは味噌汁に味噌を入れないぐらいの問題。それくらい大きな要なんです。

野菜が違ってハーブもないなら日本ではできない！　帰国後の日本で現地の味の再現を諦めかけたこともありましたが、でもやっぱりあの味が忘れられず。試行錯誤、なんとか形にできました。上田流の日本野菜で作るラタトゥイユ。ぜひ、皆様にもその作り方を知ってほしいのです。

## 野菜の水分を飛ばしてから合わせる

まず材料は、なす、ズッキーニ、パプリカ、ピーマン、玉ねぎ。それぞれ2センチ程度の角切り、ニンニクはたたいて潰します。ダイスカットのトマト缶、オリーブ油、塩、そしてエルブ・ド・プロヴァンス。

日本の夏野菜は水分が多いのが特徴であることを踏まえると、最大のポイントは、それぞれを加熱して水分を少し飛ばしてから合わせること。

まずはトマト缶から。鍋にニンニクとたっぷりのオリーブ油（トマト缶1缶に大さじ2くらい）を入れて弱火にかけます。ここでニンニクは決して焦がさない、色もつけないように。少し香りが立ってきたらトマト缶を加え、時々混ぜながら10分弱、ぽってり濃厚になるまで煮詰めます。その後、塩でちょうどよく調味。

続いて他の野菜。炒める時は、フライパンいっぱいにならないように数回に分けましょう。オリーブ油大さじ1程度を入れ、玉ねぎ、パプリカ、ピーマンを軽く炒めて水分を飛ばします。大方火が通ったら、ちょうどいい加減に塩で調味し、先ほどのトマトの鍋へ。残りの野菜も同様にしてトマトの鍋へ加えます。

このように全ての野菜の水分をそれぞれ飛ばしてから鍋に合わせ、エルブ・ド・プロヴァンスを加えて煮ていきます。煮る時間は8分ほど、まだ全体が水っぽいようなら少し火を強めて煮詰めましょう。

ここで大事なのは、必ず野菜が煮崩れる前に火を止めること。歯応えが少し残っていても、むしろいいくらいです。決して水分が残ったしゃばしゃばの状態ではなく、ぐっと煮詰まってしっかりとした野菜感がある仕上がりを目指します。

## トマトでなくトマト缶

ところで夏野菜の代表格であるトマト。生のものを使いたくなりますよね。しかし、夏のトマトは特に水分が多い。私はトマト缶、それも水分が少なく濃厚なダイスカットが、このラタトゥイユには向いていると思います。

そして最後に一つ、肝心なことを。ラタトゥイユは夏の季節料理。季節を問わず年中作るのではなく、できれば夏にだけ、その時期が旬の野菜を使って、ぜひともたっぷり作ってほしいんです。そして残ったら冷蔵庫へ。冷たいままトーストの上にのせてもよし、グラスに盛り、水切りして塩味をつけたヨーグルトを少しかけて、ちょっとしゃれた前菜にしても。パスタにもよし、そのまま焼いた肉や魚のソースにも……。

たっぷり作ってさまざまに活用するのが、フランス人流の楽しみ方。ぜひ夏の間は、飽きるほど楽しんでほしい。そうして夏が過ぎたらしばらく作るのをお休み。また次の夏が来たら、たっぷり楽しみたくなるはずです。

## ラタトゥイユ

**材料**（作りやすい分量）

なす……2本
ズッキーニ……1本
パプリカ……1個
ピーマン……3個
玉ねぎ……大1個
ニンニク……1かけ
トマトダイスカット缶……1缶（400グラム）
エルブ・ド・プロヴァンス……小さじ1弱
オリーブ油……適量
塩、こしょう……各適量

①なす、ズッキーニ、パプリカ、ピーマン、玉ねぎは2センチ角に切る。
②鍋につぶしたニンニクとオリーブ油大さじ1を入れて弱火で温め、ニンニクの香りが立ったらトマト缶を加えて火を強める。沸いたら弱火にして塩小さじ1/3を加え、時々混ぜながら5分ほど煮る。
③フライパンにオリーブ油大さじ1を強火で熱し、玉ねぎ、ピーマン、パプリカをしんなりするまで炒めて塩小さじ1/2を振り、②に加える。続けてフライパンにオリーブ油大さじ1を加え、同様になす、ズッキーニを炒めて塩小さじ1/2を振り、②に加える。
④③の鍋を火にかけ、エルブ・ド・プロヴァンス、こしょう少々を加えて焦がさないように時々混ぜながら8分ほど煮る。味をみて塩で調味する。

# 「ぬるさ」が決め手、冷しゃぶ七変化

うだるような真夏の暑さの日々、家族の晩ごはんを考えるのが、どうしても億劫になってしまいますね。とはいえ夏バテしてはいけないし、お腹が空かないわけではない。そんな時、私がスーパーでつい手を伸ばしてしまうのが、しゃぶしゃぶ用の豚肉です。火は使うけどゆでる時間はあっという間。何より、どんな味つけでも受け入れてくれる懐の深さが豚肉にはあります。

そんなしゃぶしゃぶ用、部位もさまざま。ロース、バラ肉だけでなく、もも肉や肩ロース肉（切り落としとして売られていることが多い）もあります。部位ごとの味わいの違いがあるので、アレンジも広がるのではないでしょうか。

もも肉は、脂がなく水分が多めな部位。肉自体のキメはさほど細かくなく、肉質がしっかりして多少の嚙み応えもあります。ロースはもも肉よりきめが細かく、脂も適度にありしなやか。上等のカテゴリーに入る部位です。

肩ロース肉は、これら二つより圧倒的にコクがある、濃厚な部位。合わせるタレも負けない、しっかりした味にするとおいしいと思います。

そしてバラ肉。脂が多いので冷しゃぶには敬遠されがちですが、ゆでてすぐ調味すると脂が適度にぬけ、パンチのある味わいに。タレは酸味を利かせると、肉のよさが引き立ちますよ。

## ゆでるのでなく「しゃぶしゃぶ」する

そんなしゃぶしゃぶ用の豚肉ですが、大事なのはゆで方にあります。ここを間違うと、本当に残念な仕上がりになるので要注意。

ポイントは3つ。一気にたくさんゆでない。沸騰した湯でゆでない。色がピンクに変わり、完全に火が通るほんの少し前に引き上げる。そして、バットなどに重ねずに広げ、できるだけ手早く粗熱を取ります。

正確にはゆでるのではなく、あくまでぐらぐらさせない火加減の湯の中で、しゃぶしゃぶするだけ。鍋のしゃぶしゃぶを思い出してください。食卓の鍋の中はぐらぐら沸騰させていません。肉を鍋に入れる時間もごく短時間。しゃぶしゃぶ用は、さっと火を通すからこそおいしく、そのための薄さなのです。加えて冷しゃぶの場合は、取り出してしばらくおいて冷ますので、余熱でさらに火が通ります。冷水に落とすとすぐに冷えますが、肉の旨みが逃げてしまうので避けましょう。

## 「ぬるい温度」で食べる

そして、しゃぶしゃぶ肉でぜひ試してほしいのが「ぬるい温度」で食べるということです。フランス料理ではこの温度帯を「ティエド」といいます。

この温度帯により、冷やすと硬くなりがちな肉質はやわらかいままを保て、肉の持つ味わいやジューシーさを実感できるというよさがあります。


このティエドが実はとても便利。熱々の料理に仕上げるなら合わせる具やタレを熱々に、対して冷たく仕上げたければ冷やせばいいんです。

冷たい料理として私がよく作るのが、冷しゃぶのフレッシュトマトソースがけ。旬のトマトを1センチ角にし、刻んだ大葉とともにオリーブ油とポン酢醤油（これがとても合う！）で和えます。これを冷蔵庫でキンキンに冷やす。水に浸けてパリッとさせたサラダ菜の水気をきり、こちらも冷やしておきましょう。ゆでて広げて少し粗熱が取れたロース肉を、サラダ菜にのせて食卓へ。冷え冷えのトマトソースをかけていただきます。

一方熱々の代表選手はというと、なすとの取り合わせ。なすはへたを取ってラップに包み、レンジで加熱して食べやすく手で裂いてお皿へ。熱々のなすにゆでたバラ肉をのせ、ショウガ、ねぎ、好みでニンニクを細かく刻み、醤油、酢、ごま油で味を調えたタレをかけます。

もも肉なら練りごまベースのタレ、肩ロースはフレンチドレッシングといったように、合わせるタレや野菜もそれぞれ変えれば、ほら、毎日冷しゃぶでも結構楽しい食卓になりますよ。

# 夏野菜のフリット

揚げ物を作らない家庭が多くなったようです。「その昔、天ぷらは晩ごはんの定番だったんですよ」と若い方に話すと、「まさか！」と驚かれることもしばしばです。

子どもの頃に食べた天ぷらは、お店の繊細なものとは違い、ぽてっと厚めの衣で野菜を揚げたものでしたが、子ども心に揚げた野菜のおいしさを感じたものです。

大人になり、子育て中は子どもに野菜を食べてほしくて、いろいろな種類を揚げていましたが、夫婦２人暮らしになった今は、品数を抑えて一品料理として作っています。山菜を除けば夏野菜が断然好み。なす、ピーマン、オクラ、ゴーヤー、ズッキーニ、大葉、新物のれんこん。さっと揚げたら塩をぱらりとかけて食べる楽しみは、やめられません。そこで現代の天ぷら上手への道、二つのポイントを。

その一つが「フリット」にすること。これさえ知っていれば、家庭でも作ろうと思ってもらえるのではないでしょうか。

## 炭酸効果で軽いフリット衣

天ぷらとの違いは、衣を溶く液体にビールか炭酸水を使うこと。シュワシュワとした発泡成分が、サクッとした食感を作り、とても軽い仕上がりにできます。

配合は、ビールと薄力粉を同量に塩少々を混ぜるだけ。やわらかめのホットケーキ生地くらいの衣に、切った夏野菜をつけて揚げていく。最大の特長は、油の中で、衣の細かい破片が散らないこと。それは衣が重たいからなのですが、炭酸効果で食後感は重くなりません。ちなみに、薄い衣が肝要の天ぷらやフライなどは、衣の細かな破片が油全体にどうしても散ってしまいます。まめに除かないとこれがどんどん黒く焦げ、揚げ物にまとわりついてしまう。フリットはそれがないんです。油が汚れることも少ないので使った後も濾す手間がいらないという、一石二鳥のよさがあります。

## フライパンでなくミルクパン

もう一つが、油の量。最近はフライパンで揚げるレシピが多いですが、浅く口径が大きいフライパンは、本来、揚げ物には不向きなものです。理由は油の深さが出せないから。浅く張った油で揚げると食材からにじみ出た水分で油はねしやすくなります。コンロが汚れて片づけの手間も増え、何より、油はねが怖くて恐る恐る揚げる状況となります。返したり引き上げたりするタイミングが遅くなり、だからできあがりがベタつくのです。

だったら、深さがあり口径が小さい鍋が得策。ミルクパンなどがおすすめです。一度にたくさんの量は揚げられませんが、昔と違って大量に作ることもないので問題ありません。食材がしっかり浸かるよう3～4センチ程度の深さに油を入れ、1回で3～4個くらいを揚げるイメージです。

揚げ油は中温に熱します。肉や魚は水が出るので粉をまぶしてから衣をつけますが、野菜の場合は衣のみでOK。オクラやししとうがらしなどは、破裂防止のため衣をつける前に切り込みを入れておきましょう。

食材を油に入れたらしばらく触らず、揚げ油の音がピチピチからシュワシュワと軽やかになってきたら、箸で返して全体がからりとなるまで揚げていきます。目安にして2～3分。もし、取り出しておいている間にしんなりしてしまったら、もう一度油に入れて、衣に滲み出た食材の水分を揚げ飛ばしてしまえばカラリとなります。

ちなみに残った油は、野菜のフリットの場合はほとんど汚れませんので、そのまま小さな容器で保存すれば、さらに数回は使えます。

なすとピーマンを少しずつ、あるいはとうもろこしのかき揚げだけ。カレー粉やクミンなどのスパイスを混ぜた衣でゴーヤーだけ。味つけは塩で十分。揚げ物、なかでもフリットは、意外な時短レシピだと私は思います。

# 日仏のキノコ活用法

年中手に入るキノコではありますが、暑い夏よりは少し寒くなってくる頃の方が食べたくなりませんか。キノコと一口に言っても、それぞれに質感や香り、歯応えに違いがあるのが面白いところでもあり、何よりどんな調味料と合わせても負けない強さと寄り添う優しさがあります。さっとゆでて醬油で和えても、ごま油で炒めても、クリーム煮にしても、それぞれによさが光ります。調理法だって煮るから揚げるまでなんでもよし、硬くしっかりしたマッシュルームならサラダにしてもいいですね。

私がここでお伝えしたいのは、日本とフランスのキノコの扱い方の違いについてです。

## しっかり炒めて旨みを引き出す

フランスの料理経験の中で驚いたことの一つに、キノコの炒め方がありました。この国では、キノコはしっかり、本当にしっかり炒めます。大きなまま、みじん切りなど形状はさまざまですが、共通するのはとことん炒めること。その目的は「旨みを凝縮させる」ことにあります。キノコの水分を飛ばして凝縮させた旨みを、料理に反映させる。これが本当においしい。肉料理や、バターを使う料理が多いフランスならではの調理法だと思います。

例えばオムレツ（48ページ）。バターでしっかりソテーしたマッシュルームを半熟にした卵の上にわさっとのせて包んでもいいですし、シンプルなオムレツに添えるだけでも。旨みを引き出したマッシュルームは食感もよく、卵の優しい味わいと相まって、朝食から一気に夜のメイン料理の装いに。ワインを用意したくなる王道の一皿になります。

ソテーした肉のつけ合わせに使うなら、椎茸、しめじ、マッシュルームなどを食べやすく切り、水分が飛んでぱらりとするくらいまで、オイルでしっかり炒めます。10分ほどが目安でしょうか。水分が飛ぶことで味わいも歯応えも凝縮するので、まるで肉を食べているような食感になります。私はこれを粒マスタード、ワインビネガー、サラダ油、塩・こしょうのドレッシングでマリネするのが大好き。冷蔵庫で3日ほどもつので、作り置きにもいいですよ。*1

## 調味料的に少し加えてコク出しに

そして、フランスで知ったもう一つのキノコ炒めが、「デュクセル」*2です。

キノコ（本国流ならマッシュルームは必須。しめじ、椎茸を合わせても）に、フランスではエシャロットですが玉ねぎで十分。しっかり炒めるのは共通ですが、ポイントはなるべく細かいみじん切りにするということ。デュクセルはそのまま食べるものではなく、調味料的に、コクや旨み出しとして使うものだからです。

ハンバーグ（39ページ）などのひき肉生地や、オムレツの卵に混ぜたりしますが、中でもおすすめは、ソースに入れる使い方。少し加えるだけで味わいが深まり、なんともおいしい！　ステーキの焼き汁が残ったフライパンに赤ワインを煮詰めてバター、塩・こしょうで仕上げたソースに、あるいはクリーム系の煮込みに。ちなみに私はホワイトソース（112ページ）に加えます。グラタンでもコロッケでも、牛乳だけのホワイトソースにぐっとコクが加わり、一口で秋の深まりを堪能できるはず。

## だしと合わせて旨みの相乗効果を

一方日本料理では、キノコは炒めるよりも煮る方が主流。汁物やあんかけの具にしたり、さっと酒炒りにして和え物にしたり。和食で使うかつおや昆布のだし、酒やみりんといったアミノ酸と、キノコから出る旨みが重なり合い、相乗効果で料理をよりおいしくするのです。

だしをさっと加熱して仕上げることが多い日本料理にとって、短時間で旨みを出せるキノコはとても便利な食材でもあります。その代表選手が、キノコ汁ではないでしょうか。だしに醤油、酒、みりんで味つけして、たっぷりのキノコ（味出しのためにしめじ、舞茸、椎茸から、食感用にナメコ、えのきなどを。ぜひ複数の種類を合わせて）と鶏でも豚でも少々の肉が入れば極上。具としてのキノコもさることながら、むしろ汁に染み渡る旨み。だからこそ、冬の鍋物にもキノコは欠かせないのです。

＊1

**キノコのマリネ**

**材料**（作りやすい分量）

好みのキノコ
（椎茸、しめじ、マッシュルーム、舞茸、エリンギなど）……400グラム

マリネ液
- ワインビネガー……大さじ1
- 粒マスタード……小さじ1
- サラダ油……大さじ2

塩、こしょう……各少々
オリーブ油……大さじ2

①キノコは石突きを除き食べやすく切る。マリネ液はボウルに入れてよく混ぜる。
②フライパンにオリーブ油を熱し、キノコを炒める。水分が飛んで焼き色がつくくらいまで10分ほどじっくり炒める。
③熱いうちにマリネ液に入れてよく混ぜ、冷めるまでおく。3日冷蔵保存可能。

＊2

## キノコのデュクセル

材料（作りやすい分量）

キノコ
（マッシュルーム、あれば椎茸、しめじなどを合わせて）……400グラム

玉ねぎ……1/2個

バター……20グラム

①キノコは石突きを除き、細かいみじん切りにする。玉ねぎも同様に切る。

②フライパンにバターを入れて火にかけ、泡立ってきたら玉ねぎをさっと炒め、キノコを加える。水分が飛んで、香りがしっかり立つまで10分ほどしっかり炒める。

## 新物ならではの芋の味わい方

芋といえばじゃがいも一辺倒のヨーロッパと違い、日本では里芋、長芋、さつまいもなど種類も多彩。一年中手に入るものですが、収穫まもない秋ならではのおいしさは格別です。存分に楽しんでほしいと思います。

### 里芋は個性派調味料で

まずは里芋。収穫したては水分量が多いので、やわらかくジューシー。いつもは皮がむきにくい里芋も、この時期ならきれいに洗って皮ごとゆでたり蒸したりすれば、むきやすくなります。そして里芋は、レンジ加熱してもおいしく蒸し上がります。皮ごと加熱すれば、指でするっとむけますよ。

無理に味つけに苦労して煮物にせずとも、こうしてやわらかく加熱しただけの里芋を、個性的な調味料でいただくのをおすすめしたいです。

まずは、私の子どもの頃によく食卓にあがっていた、わさび醤油で和えてもみのりをたっぷり絡めたもの。土っぽい里芋と、辛みを利かせた醤油とのりの相性もよく、子ども心に感動した一皿です。大人になった今では、コチュジャンやハリッサといった辛み調味料や、ブルーチーズやアンチョビーといった塩けが利いたものを合わせるようにもなりました。新物の里芋ならではの甘みが際立つ、秋のちょっとしたお楽しみです。

## 生でもＯＫな長芋ならではの加熱法

続いて長芋ですが、他と違って生でも食べられるのがいいところ。とろろにしたりせん切りにしたりして食べる人は多いと思いますが、私が好きなのは加熱する方法。それは長芋の茶巾絞りのあんかけ*です。

皮をむいて適当な厚さに切り、軽めの煮汁（だし10に対し、淡口醤油、みりん各１くらいの、うどんだしのようなイメージ）でやわらかく煮ます。煮えたら煮汁から出しラップで包んで茶巾風にもみ絞ります。器に盛り、煮汁に水溶き片栗粉でとろみをつけてかけ、ショウガかゆずでも添えるとちょっと素敵。繊細でやわらかな長芋と、淡めの煮汁のコントラストが上品な一品に。里芋はこっくりとした煮汁も合いますが、長芋は芋の味が負けないように軽めの味つけにしたいですね。

そして、一番のおすすめがフライパン焼きです。皮つきのまま、長めの状態で縦４等分に切った長芋を、フライパンにオリーブ油を熱して焼きます。むやみに触らず、皮面にもしっかり焼き色を。長芋は火通りを気にしなくていいので、表面にこんがり焼き色をつけることだけに集中できます。焼けたら塩、こしょうでも醤油でも。ホクホクとサクサク、ジューシーとが一度に楽しめるのは長芋ならでは。肉のつけ合わせなどにも重宝する一品です。

## 料理のさつまいもは砂糖代わり

さつまいもといえば、焼き芋だとかスイートポテトなど、おやつ感がどうしても否めないところですが、料理にはこの甘さを調味料と考え利用すると面白いですよ。

砂糖が欠かせない料理といえば、肉じゃが（64ページ）や酢豚（101ページ）、きんぴらなど。これらの砂糖の量を少し減らして、代わりにさつまいもを加えるだけ。自然な甘みが際立ち、とてもおいしく仕上がります。ちなみに肉じゃがをさつまいもで作る時は、肉はぜひ豚バラを。豚の脂とさつまいものそれぞれの甘みが重なり、砂糖は必要なし！　キリッと醤油味で仕上げても、程よい甘さのある惣菜に仕上がります。

最後にもう一つだけ。芋類は実は保存方法が大事な食材。野菜だと思ってついつい野菜室に入れがちですが、さつまいもの産地は南と考えると、新聞紙に包んで常温保存が◎。里芋は洗わずにさつまいもと同様に。長芋だけは、カット販売が多いのでなるべく使う分だけを購入し、保存するなら冷蔵庫に入れて早めに使い切りましょう。

*

## 長芋の茶巾絞りのあんかけ

材料
長芋……………………２００グラム
煮汁
　だし汁……………………１1/2カップ
　淡口醬油、みりん……各大さじ２
水溶き片栗粉（片栗粉大さじ１強、倍量の水）
ゆず皮（すりおろし）……少々

①長芋は皮をむいて１センチ幅の輪切りにする。
②鍋に煮汁と①を入れて火にかけ、沸いたら弱火にして長芋に竹串がスッと入るやわらかさになるまで煮て取り出す。煮汁に水溶き片栗粉を入れて混ぜ、とろみをつける。
③長芋は半分に分け、それぞれラップに包んでもみつぶす。ラップの口をねじって茶巾絞りの形に整え、ラップを外して器に盛る。②のあんを熱々にしてかけ、ゆず皮を散らす。

# 面倒だけど……諦めたくない栗

子どもの頃は祖母と暮らしていたせいか、秋になるとゆで栗をよく食べました。さつまいもとは一線を画すあのなめらかな甘さ、幼い頃のおいしい記憶です。

ゆで時間はそこそこの大粒で40〜50分ほど。ゆっくり火を通すことで、ほっくりやわらか。さつまいもと同様に、デンプンを糖に変えるには急がず慌てずが大事なんです。

## 皮をむくのでなく実をかきだす

大粒の栗を見つけると、ついついいつも衝動買い。とはいえ子育て中は時間をかけて皮をむく余裕がなく、ゆでて中身を取り出して使っていました。定番の栗ご飯も、ゆでた栗をスプーンでかきだし、塩（米3合に対し小さじ1が目安）と昆布を入れて米を炊き、炊き上がりにその栗を混ぜていました。お米の粒に栗がまぶされた、いわば「栗まぶしご飯」。ゴロゴロの栗入りとはまた違ったおいしさで、何より労力としてはかなり気が楽でした。

他には、できあがった筑前煮に加えてちょっと贅沢に、スイーツなら砂糖と一緒に練って茶巾に絞ってきんとん風に。

栗100パーセントで作るおはぎという楽しみも。炊いたもち米は軽く潰しておはぎサイズに握ります。スプーンですくった栗と砂糖、少量の水を鍋に入れ、ぽってり煮上げた栗あんでもち米を包めば、家庭の和菓子のできあがりです。

洋菓子だったら、栗をペースト状にして、やわらかくしたバターと生クリーム（ホイップにするかは好みで）を混ぜます。パイやクッキーなどの土台にホイップクリームをのせ、マロンペーストをのせれば自家製モンブランに！

そして実はこのペースト、砂糖を控えれば生ハムやブルーチーズとの相性も抜群。時にはお客様に出しておもてなしにもなります。暑い夏が終わりゆっくり料理でも……と思える季節だからこその楽しみですね。

## 皮をラクにむく方法

とはいえ、ちゃんと皮をむく時だってあります。おすすめは、一晩冷凍した栗を、熱湯に浸けてからむく方法。凍ったままの栗を沸かした湯に5分ほど浸け、湯をきって皮をむく。湯に浸けることで鬼皮がやわらかくなり、凍らすことで渋皮もむきやすくなるはずです。

そして何より栗好きとして忘れてはならないのが、渋皮煮*ではないでしょうか。大粒でよい栗に出合ったらやはり作りたくなります。鬼皮さえむけばいいので冷凍は不要。熱湯をかけてしばらくおき、少しやわらかくなったら皮をむく。その後は、重曹を入れた湯でゆでてアク抜きをし、水にさらす、これを3回ほど繰り返し、最後は砂糖と水の蜜で煮て味を含めます。

保存するなら砂糖が多めに必要ですが、すぐ食べるなら控えめに、仕上げにブランデーで風味をつければ上品なデザートに。

何かと面倒な栗ではあるけれど、ほんのひと時だけのおいしさだから、シーズン中に一度は買う！　これを諦めないで暮らしていきたい、と栗の皮をむきながら毎年思う私です。

＊

## 栗の渋皮煮

**材料**（作りやすい分量）

栗……………………………………大1キロ
砂糖…………………………600〜800グラム
ブランデー………………………大さじ1

①栗は大きめのボウルに入れてかぶるくらいの熱湯に20分ほど浸け、鬼皮をやわらかくする。切り込みを入れ、渋皮を傷つけないように包丁で鬼皮をむく。

②鍋に入れ、ひたひたの水と重曹小さじ1（各分量外）を加えて火にかけ、沸いたら中火にしてアクを除き、10分ほどゆでる。栗に傷がつかないようにざるを使わずに湯を捨て、水を換える。

③渋皮に残っている大きな筋を、栗を傷つけないように注意しながら竹串の先で丁寧に除き、表面を指でやさしくこすって細かな筋を除く。

④②の作業をさらに2回行い、さらに重曹を入れずに5分ほど煮て、同様にざるを使わずに湯を捨てる。

⑤④にひたひたの水と半量の砂糖を入れ、オーブンシートで作った落としぶたをして火にかけ、煮立ったら弱火で5分ほど煮る。残りの砂糖を加えてそっと混ぜ、落としぶたをして10分煮る。

⑥火からおろし、ブランデーを加えて混ぜる。そのまま冷まし、煮汁ごと冷蔵庫で2日ほどおいて味をなじませる。冷蔵で10日保存可能。

# おでんに牛すじは欠かせない

吹く風が冷たくなり、太った大根を店先で見ると食べたくなるのがおでん。ただ長く煮ればいいと思うかもしれませんが、実はちょっと違います。

おでんの材料は、煮汁を長く含ませるもの(①)と、そうでないもの(②)の2種類に分けられます。

①は大根、こんにゃく、しらたき、昆布、ゆで卵、厚揚げ、がんもなど。基本的に煮ても形状が変わらないものです。対して②はさつま揚げ、はんぺん、ちくわなどの練り物、芋類など。煮すぎると旨みが逃げてしまったり、煮崩れてしまうものです。そう、おでんは2段階で煮ることがポイントなんです。

## 冷める過程で味を含ませる、煮物の法則

そもそもおでんは、煮魚などと同様、時間をおくことで冷めていく過程で味を含ませる料理。やわらかく煮えた食材の中までさらに味を含ませるには、煮続けるのではなく、煮ては冷ます、煮ては冷ます……を繰り返します。

まず、面取りしてやわらかく下蒸しした大根(237ページ)やこんにゃく、昆布などの①を大鍋に入れ、淡口醤油とみりんで味つけしただしを注ぎます。ゆで卵は煮すぎると黄身がボソボソに、豆腐製品はすが立ってしまうので後

入れに。決して煮立たせないよう弱火で10分ほど煮たら、火から下ろしてふたをし1時間ほどおきましょう。その後、ゆで卵と油抜きしておいた厚揚げ、がんもなどを投入し、軽く煮たらふたをして火を止めるという流れ。

この、冷めるまでの時間が大事なんです。おいている間に、煮汁の味がゆっくり食材に染みていく。その後、冷めたら温め、火を止めてまた冷ます。これを2回ほど繰り返します。場合によっては食べる前日にここまでやっておいても。こうして、味の染みた具のできあがりです。

②の具材は食べる少し前に投入。さつま揚げは油抜きをしてから他の練り物と一緒に加えます。さっと煮て、練り物はふっくら、芋には火が通るくらいの火通しに。
油抜きは、具の表面の油を除くことで素材に煮汁の味が染みやすくなるうえ、余分な油が煮汁に落ちるのを防いですっきりした味わいのだしをキープできるので、ぜひやっておきたいひと手間です。

## 牛すじはおいしい煮汁のため

ところで、おでんには私はかつお昆布だしを使いますが、欠かせないのが牛すじです。これを入れることでより深みのある煮汁になります。

やわらかく下ゆで（ここで取れたおいしいビーフスープは、冷凍保存すればカレーやポトフに使えます）して竹串に刺した牛すじは大根などと一緒に鍋へ入れ、そこに煮汁を投入。煮ていくうちに、大根には牛すじの味が染みつつ、牛すじは昆布やかつおの味が染みていく。この旨みの行き来が、おでんをよりおいしくするのだと思います。

牛すじの下ゆでが手間な場合、頼れるのが下処理いらずの手羽先。こちらも大根と一緒に煮始めれば、鶏の旨みと皮から出るゼラチンが煮汁にコクを加え、もちろんやわらかく煮えた肉もおいしい。どちらもおでんによき仕事をしてくれる存在です。

## 残った後のお楽しみ

こうしてたっぷりできあがったおでんですが、数日も食べ続けると、最後には具が少しと煮汁だけになり、その頃には飽きてしまうなんてこともありますよね。そんな時は思いきって汁物に。それも粕汁に変えてしまうのはいかがでしょう。

煮汁は少し水を足して薄め、残った具は小さく刻みます。ひと煮立ちさせ、そこに酒粕を加えるだけ。具が少ない時は、仕上げに小口切りにした長ねぎを加えてシャキシャキ感を。数日経っていろいろな具の旨みが染み出た濃厚な煮汁と酒粕は、相性抜群です。

子どもがいるご家庭や、酒粕が苦手な方は、豆腐を足してけんちん汁にするのもおすすめ。ねぎや七味を加えれば、これだけで立派な一品になります。

だしの染みた具が身上のおでん。ちょっと時間もかかるし面倒かもしれないけれど、こんなふうに煮汁の一滴まで使いきれば、それもまた冬のお楽しみです。

---

## おでん

材料(それぞれ好みの分量)
牛すじ肉
大根
こんにゃく
厚揚げ
がんもどき
練り物(さつま揚げやごぼう天など)
ゆで卵
煮汁(かつお昆布だし5カップに対し、淡口醤油、みりんは各1/2カップが目安)

①牛すじ肉は熱湯に入れてひと煮立ちさせ、ざるにあげて水で洗ってアクを除く。鍋に入れてたっぷりの水を注ぎ、火にかける。沸いたら弱火で1時間ほど（肉の大きさによって加熱時間は調整する）、やわらかくなるまで煮て肉を取り出して冷ます。煮汁は冷まして保存し（冷蔵2日、冷凍1ヶ月）、カレーのベースなどに使うとよい。

②大根は2〜3センチ厚さに切り、好みで面取りをする。大根は蒸し器かレンジで、竹串がスッと通るまで加熱する（237ページ参照）。

③こんにゃくは好みの大きさに切り、両面に格子状に細かく切り目を入れ、熱湯でさっとゆでてアクを除く。厚揚げ、がんもどき、練り物などは、熱湯にさっとくぐらせて油を落とす。

④鍋に煮汁を入れ、食べやすく切って竹串に刺した牛すじ、大根、こんにゃく、だしをとった時に出た昆布を入れ火にかける。煮立ったら弱火にし、10分ほど煮立たせないように煮る。火を止めてふたをし、1時間そのままおく。これを2回ほど繰り返す。

⑤③の厚揚げ、がんもどき、ゆで卵を加えて再度火にかけ、煮立ったら同様に弱火で煮て火を止め、1時間おく。練り物を加えて火にかけ、ひと煮立ちさせる。

# だしを含ませるふろふき大根

水分を程よく含んでやわらかくジューシーな冬の大根。おでんに加えてもう一品私がおすすめしたいのが、「ふろふき大根」です。ただ味噌をつけて食べるだけですが、これが手をかけた分だけおいしく、とても奥の深い味わいなんです。

## ゆでずに「蒸す」

まずは大根の下ごしらえから。使うのは、中央の水分がたっぷりの部分。ちなみに聖護院大根は全体的に水分が多く、これを見つけるとついふろふきを作ってしまいます。

3〜4センチほどの厚さに切り、皮はぐるりと5ミリ厚さにむいて面取りします。皮のすぐ下は繊維が多く、煮てもやわらかくなりにくい部分なので、ここはぜひ厚めにむきましょう。むいた皮は後で5ミリほどの細切りにしてごま油で炒め、醤油で味つけすると歯応え豊かな箸休めになってこれまた美味。

大根の用意ができたら、やわらかく蒸します。蒸し器がなければ鍋やフライパンに大根の高さ半量程度に水を張って蒸しても、あるいはふんわりラップをかけてレンジにかけてもOKです。この蒸気が今回の話のポイントになるので、ゆでるのではなく、ぜひ蒸してください。

竹串が通るくらいにやわらかくなった大根に味噌をかけて……というレシピが多いようですが、私はここで大根を取り出して冷まします。ここからのもう一手間が、ふろふき大根を驚くほどおいしく仕上げる秘訣なのです。

というのが、この冷ます過程で、ほぼ必ずできるのが中央の「へこみ」です。大根は蒸気によって膨張し、細胞を押し破って含んでいた水分が流れ出ます。それをそのまま冷ますことで、水分が減った部分が痩せてへこんでしまうのです。みずみずしさがおいしい大根の水分をあえて出す理由、それを次に説明します。

## 水分を出して代わりにだしを吸わせる

冷めてへこんだ大根と昆布だしを鍋に入れ、弱火にかけます。煮立てないようじっくりと、湯気がゆらりとなびく状態で15分。すると不思議なことに、やせてへこんでいた部分が、元に戻っているではありませんか！

そう、煮ることでだしが大根のへこんだ部分に入り込み、膨らむのです。見た目ではわかりませんが、大根の水分とだしが入れ替わり、旨みたっぷりのふろふき大根ができあがったというわけです。

## 練り味噌でも、変化球でも

シンプルにだしを含んだ状態を味わうのでも十分ですが、定番の練り味噌を添えてももちろんおいしい。

代表的なのはゆず味噌です。甘く優しい味わいがお好きなら西京味噌をベースに。みりんを火にかけてアルコールを飛ばしたら、味噌を加えて弱火でよく練り混ぜながら、艶が出るくらいまで、軽く火を入れて好みの硬さにします。仕上げにゆず皮のすりおろしをたっぷりと*。好みで果汁を少し足せば、爽やかな仕上がりになります。

こっくり味噌がお好きなら、ごま味噌がいいですね。酒とみりんを同様に煮切り、信州味噌を加えて軽く火を入れます。甘さが足りなければ砂糖を足して、仕上げにたっぷりとすりごまを。

濃い味つけをせず、けれどだしをしっかり吸った大根だからこその、じゅわっと口に広がる旨みたっぷりの格別な味です。

こんなふうに丁寧に作ったふろふき大根。いろいろな食べ方を試しても楽しい。例えば、おいしい塩と粗びき黒こしょうだけでも、あるいは塩辛もよく合います。

このふろふき大根を多めに作り、その後におでんにするのが私の楽しみ方。

大根を煮ただしに醤油とみりんを入れ、さらにこんにゃくやさつま揚げなどを加え、弱火でしばらく煮るとあっという間におでんに早変わり。ここであまり濃く味をつけないことで、最後には、具を食べやすく切り酒粕を加えて粕汁などにしていただくのも、もはや冬の定番の流れになっています（234ページ）。

寒い冬、丸々と太った大根を見つけたら、この「大根をへこませる」話を思い出してほしいな、と思います。

＊ゆず皮以外の材料を耐熱皿に入れてよく練り混ぜ、ラップをかけてレンジで30秒加熱し、取り出してゆず皮のすりおろしを混ぜてもよい。

# 丸鶏ならでは！簡単ローストチキン

12月になると見かけることが増える丸鶏。とはいえなかなかハードルが……と二の足を踏む方も多いかもしれません。

日本ではクリスマスのイメージが強いローストチキンですが、フランスでは日常の料理であり、お惣菜としても年中買えるもの。精肉店に行けば併設の大きなロースターでチキンがくるくる回りながら焼かれているし、巡回のマルシェでも、肉売り場に焼きたてのローストチキンが並べられ、晩ごはん用に買い求めるお客の姿を多く目にします。

鶏一羽を手に入れ、オーブンで焼くだけのローストチキン。フライパンで焼くチキンソテーとは全く別もの、丸ごとだからこその唯一無二のおいしさがあります。

面倒に思われがちなのは、お腹に具を詰めたりソースをちゃんと用意したりといった、手間のかかるレシピの方が、日本ではイメージしやすいからでしょう。でも実はそんなレシピは、欧米人も特別な日にしか作りません。日頃は、オーブンで焼いただけのチキンに、マスタードをつけて食べるくらい気軽なものなのです。

## 塩糖水さえあれば

私はそんなシンプルに焼いた丸鶏が大好きなので、時々思い立ったように作ります。皆様にも試してほしい、二つのポイントをお伝えしましょう。

一つは、適度な味加減でしっとり焼き上げるために、鶏むね肉の蒸し鶏でもおすすめした塩糖水（塩、砂糖、水を混ぜたもの。71ページ）で下ごしらえをすること。もう一つは、部位ごとにきちんと肉を切り分けることです。

まず塩糖水については、鶏1羽で1キロ程度のものに対し、水1・5カップ、塩大さじ1（15グラム）、砂糖大さじ1 1/2（約20グラム）を用意。そこに1〜2日程度鶏を漬けます。キッチンペーパーで水気を拭き、手でサラダ油を全体に塗ったら、あとは180〜200℃に予熱したオーブンで焼くだけ。焼き時間は鶏1キロにつき1時間が目安。これを基準に、1・5キロなら1時間半という具合に調整してください。焼けたチキンは取り出して15分ほどおき、肉汁を落ち着かせてから切りましょう。

こうしてせっかく上手に焼き上げたのに、部位ごとにきれいに切り分けられないと台無しです。もう一つ大事なのは、切り分ける順番です。

まずはもも肉から。よく見ると、おなじみの骨つきもも肉が二つついています。その形に添って包丁を入れれば、もも肉は意外に簡単に外れます。続いて残された肉を見ると、今度は手羽先、手羽元の姿が。こちらも根元に包丁を入れて切り外します。そしてむね肉（その下にあるのはささみ）が２枚並ぶ間に包丁を入れ、それぞれ骨格からはがすように切り出します。

もも肉、むね肉はそれぞれ半分に切って、手羽元、手羽先とともに盛り合わせれば大満足の一皿が完成。つけ合わせにグリーンサラダ、フレンチマスタードを添えれば完璧です。

## 残った骨まわりの肉でサラダに

ところで、切り出して残った骨についても一つ。いくら丁寧に行っても、よく見ると骨の隙間や焼いた裏側などに身が残ってしまうもの。それらはラップでくるんで冷蔵庫へ。実はこれこそ、ローストチキンの後のお楽しみなのです！　翌日に取り出し、指で丁寧に身をはがしましょう。結構たくさん取れるので、これを使ってサラダを作ります。

葉野菜とともにヴィネグレット（１２９ページ）などドレッシングで和えてもいいし、スライスオニオンなどと一緒にマスタード入りマヨネーズで和えてもおいしい。骨まわりの旨みをたっぷり蓄えた身は、ローストチキンを作らないと味わえないおいしさです。

さらに最後に残った骨まで使うことをお忘れなく！

骨はたっぷりの水とともに鍋に入れ、弱火でことこと30分ほど煮ます。一般的な鶏がらを使うより、ローストチキンの骨は焼けた香ばしさが加わり、程よく風味豊かなスープになります。塩で味を調えてそのままシンプルに、あるいは小さめに切った野菜を足して田舎風スープやミネストローネに仕上げても。はたまたご飯を入れて洋風おじやにし、仕上げにチーズをたっぷり入れれば寒い時期の幸せな一皿に……。

ローストチキンは、最後まで楽しみが詰まった、とても素敵な料理だと思いませんか。

# 鍋といえば、鶏の水炊き

寒くなると食卓にあがる回数が増える鍋料理。昔は鍋といえば、水炊きや寄せ鍋といった肉と野菜を煮てポン酢などで食べるくらいのものでしたが、最近はさまざまなレシピも生まれています。その分、若者に人気のキムチ鍋、酒呑みの大人がゆっくり食べられる常夜鍋など、家族に振る舞うには好みがバラつく悩ましい面も。我が家でも試行錯誤した結果、どの世代にも評判がいい鍋が見つかりました！　それは「鶏の水炊き」。今やひと冬に何度となく作る我が家の定番です。

## 骨から出る旨みが作る絶品スープ

この水炊き、何といっても大事なのは鶏肉です。とりたてて高価な肉は必要ありませんが、こだわる点が一つ、それは骨つきもも肉のぶつ切りを使うこと。この骨から出る旨みが肉をよりおいしくし、だしを複雑な味わいにします。

そしてもう一つ、その鶏肉にあらかじめ塩をしておくこともポイント。肉1キロに対して大さじ1/2程度の塩をすり込み、軽くもみ込んで2時間以上おきましょう。肉にしっかり塩味がつき、プリッとジューシーになります。

まずは下ごしらえから。鍋に昆布とたっぷりの水を入れてしばらくおいてから、塩をした鶏肉を水から弱火でゆっくり煮て、旨みを引き出していきます。鍋料理は肉だけでなく野菜もおいしく食べるのが肝要。そのためには、おいしいスープが欠かせません。

沸く直前で昆布を取り出し、アクを丁寧に取って4～5分。火からおろし粗熱を取ってから肉を取り出すことで、しっとりやわらかい状態をキープできます。そして、切った野菜とともに鍋を食卓へ。

鶏肉と昆布から出た旨みと、肉にした塩が溶け出て、優しい塩加減のふくよかなスープができました。あとはゆっくり、食卓で鍋を囲むだけ。

スープが温まったら野菜や豆腐など好みの食材を入れ、肉はすでに火が通っているので温める程度で引き上げます。野菜は各々の好みの煮え加減で。すでに火が入った肉からはアクが出ることもなく、肉の火通りを気にする必要もありません。強火にすることもなくゆっくり進められるこの水炊きなら、食べる方も作る方も落ち着いて楽しめると思います。

## シンプルだからこそアレンジ多彩

そんなシンプルな鍋なので、薬味はいろいろ用意するのが常。小口に刻んだねぎ、すだちやかぼすなどの柑橘。ゆずこしょうや七味、かんずりなど少し辛みをプラスすることも。

また、だしに醤油やかつおを使わないので、異国風への味変だってＯＫ。取り皿にナンプラーやレモン汁を少し入れると一気にエスニック、キムチを加えればパンチのある味わいに。マスタードを添えて黒こしょうをガリッとひけば洋風です。こうしたアレンジは塩でシンプルに仕上げているからこそ。マンネリに陥ることもありません。

鍋のお楽しみ、しめだって選び放題です。

雑炊やおじやはもちろん、卵とじにしたスープをご飯にかけてクッパのように、もちろんうどんやお餅だって言わずもがな。私の一番のおすすめは、米とオリーブ油を入れてゆるりと炊き上げるリゾット風。黒こしょうを利かせ、パルミジャーノをたっぷり削り入れます。他にも煮汁にごま油を少し加えて味を調えれば、フォーや中華麺も合いますよ。

最近は市販の鍋の素も流行していますが、わざわざそういうものを用意せずとも、このように素材から出る味わいをベースにしたシンプルな仕上げ方は、むしろ食べ飽きることも少ないのではないでしょうか。

## 冬のごちそう、ブフ・ブルギニョン

ブフ・ブルギニョンとは、「ブルゴーニュ風牛肉の赤ワイン煮込み」のこと。冬の来客時に用意すると、歓声を上げて喜んでもらえるようなごちそうです。

牛肉が日本より身近なフランスでは、家庭で気軽に作ります。時間はかかるので、週末や家族が揃う時にたっぷり用意するとか。そのおいしさは格別で、特に難しい材料が必要ないこともあって、フランス中のお袋の味のような存在です。

その見た目からビーフシチューと間違われがちですが、似て非なるもの。「シチュー」は汁気がしっかりありスプーンで食べるものですが、ブフ・ブルギニョンは、あくまでも肉を食べる料理です。使うのは大きく切ったすね肉と、野菜は具としてでなくソースのベースにするための香味野菜。肉には塩、こしょうでしっかり下味をつけるのも忘れずに。玉ねぎ、セロリ、ニンニクは薄切りにして使います。ブルゴーニュはワインの一大生産地。その名に偽りなく、使う液体は赤ワインのみです。

**水分はワインのみ！　たっぷりボトル1本分**

厚手の鍋に油を熱し、肉をこんがり焼きつけて取り出します。野菜を加えて茶色くなるまでしっかり炒めることで旨みを凝縮。ここにボトル１本分くらい、たっぷりの赤ワインを注ぎます。肉を戻し入れてふたをし、１〜１時間半くらいかけてじっくり煮込んでいきましょう。

肉がやわらかく煮えたら、仕上げのソース作りへ。煮汁は程よく煮詰め、バターなどで深みを加えて塩、こしょうで調味したらできあがり。食感や彩りを加えたい場合は、さっとゆでたにんじんや炒めたキノコなどを、煮詰める段階で入れてもいいですね。

## ソースを楽しむためのマッシュポテト

フランスの煮込みには、ソースを絡めて食べるための「つけ合わせ」が欠かせません。ブフ・ブルギニョンには、やはりやわらかくシルキーな「ポンム・ピュレ（マッシュポテト）」を。

フランス語で「ピュレ」と名がついている通り、とろりとなめらかな食感が絶対条件。このピュレを肉やソースに絡めていただく幸せ。皿に残ったソースもこのピュレさえあれば、残すことなくきれいに食べられます。

家庭料理では裏ごしまでしなくてもちろんＯＫですが、フランス人はこのじゃがいも料理にこだわり、決してないがしろにしてはいけない存在なんです。だからこそ、外せない調理ポイントがあります。

まずじゃがいもは熱いうちにつぶす（裏ごしする）ということ。続いて鍋に牛乳、生クリーム、バターを入れてしっかり熱してから、じゃがいもを加えさっくり混ぜ合わせ、塩・こしょうで味を調えます。冷めてしまった芋を冷たい牛乳と合わせてしまうと、もったりと口溶けが悪くなってしまうのでくれぐれも注意してください。

もっと手軽なつけ合わせとしては、バターを絡めたフェットチーネも人気です。これらは濃厚なソースを最後に食べきるための最適なツール。フランス人らしい食べ方だなあ、といつも感心させられます。

## 手軽バージョン＝ハッシュドビーフ

とはいえ、こんな手間をかけずに似た味わいのものを食べたい時もありますよね。そんな時に私が作るのが「ハッシュドビーフ」です。

牛肉は薄切り、野菜は旨みを出すための玉ねぎの薄切りとマッシュルームだけに絞り、ソースはワイン煮とデミグラスのいいとこどりのレシピです。

牛肉は塩、こしょうをし、フライパンにバターを溶かして表面だけをさっと炒めます。中は赤いままでＯＫ。いったん取り出し、そのまま玉ねぎを丁寧に炒めましょう。薄く色づいてきたら甘み、旨みが出ている合図。ここに赤ワインを1/2カップほど入れてしっかり煮詰め、市販のデミグラスソースを入れて軽く煮込みます。この時、オイスターソースを数滴入れるのがポイント。旨みがアップし、缶詰独特の味がやわらかく仕上がりますよ。

適度にソースが煮詰まったら肉を戻し入れてバターや塩、こしょうで味を調えたら完成です。牛肉なので、肉にはほぼ火が通るくらいでＯＫ。

せっかく短時間で作ったメインに、マッシュポテトをつける余裕はないでしょう。でも大丈夫、日本にはご飯という強い味方があります。皿にご飯を盛り、ハッシュドビーフをたっぷりと。時間はかけずとも心が満たされる、忙しい時の強い味方です。

＊1

## ブフ・ブルギニョン

**材料**（3〜4人分）

牛すね肉……800グラム
玉ねぎ……1個
セロリ……1本
にんじん……1/2本
ニンニク……1かけ
赤ワイン……1本（750ミリリットル）
バター……15グラム
サラダ油……適量
ローリエ……1枚
タイム……2枚
塩、こしょう、薄力粉……各適量
マッシュポテト（＊2）……適量

①セロリ、玉ねぎ、ニンニクはそれぞれ薄切りにする。にんじんは薄いいちょう切りにする。牛すね肉は4センチ角に切り、塩小さじ1、こしょうをすり込み、薄力粉を薄くまぶす。

②鍋にサラダ油を熱し、牛肉の全面にこんがり焼き色がつくまで焼いて取り出す。続けてバターを加え、玉ねぎ、セロリ、ニンニク、にんじんを加え、薄く色づくまで5分ほど炒める。牛肉を戻し入れて赤ワインを加える。煮立ったらアクを除いてタイム、ローリエを加え、ふたをして肉に竹串がスッと通るくらいまで1〜1時間半煮る。

③ふたをはずして火を強め、程よく煮詰めて塩、こしょうで調味する。器に盛り、マッシュポテトを添える。

＊2
## マッシュポテト（作りやすい分量）

①じゃがいも（メークインなど）3個（400グラム）は皮をむいて一口大に切り、熱湯でやわらかくなるまでゆでる。湯をきり、熱いうちにマッシャーやフォークでなめらかにつぶす（裏ごししても）。

②別の鍋に、牛乳、生クリーム各1/4カップほど、バター15グラムを加えて火にかける。煮立ったら①を加えて全体をさっと混ぜ、塩ふたつまみ、こしょう少々で調味する。

＊じゃがいもの品種により仕上がりの硬さが変わるので、牛乳の量は加減するとよい。マッシュポテトはとろりとやわらかい口当たりが身上。

## それでも時間と気持ちに余裕がない時に

料理を楽に作りたい、食材を無駄にせず使いきりたい。毎日の食事作りを主に担当される方なら、誰しもが思っていることだと思います。

何種類もの材料を使い、スパイスや調味料を駆使し、時間と手をかけて作る料理のおいしさはもちろん歴然。ただ、忙しい毎日を送りながらそうした料理を作り続けられるかというと、そうもいきません。

そもそも、日々の料理は頑張る必要はなく、できるだけ材料も作業もミニマムで、心と体が整えばよし。気持ちがほっとする、つまり自分や家族が食べたいものを無理なく食卓に並べられたら、それで十分だと思うのです。

そのために、3つの考え方をお伝えしたいと思います。

### 1・材料を減らす

これは単に少ない材料で作れる料理を考えるのではなく、普段作っている定番料理から、材料を極力減らしていくという方法です。まずは、連想ゲームのような要領で次のように考えていきます。

①自分が今、何を食べたいかを思い浮かべる。
②思い浮かべた料理の、どの部分を欲している

のか。つまりその料理で特に好きなところがどこかを考える。

③②を分析すると、食べたいと思う料理の工程や材料で、省ける部分が見えてくる。

④その日に食べたい料理＝通常のレシピ―省ける工程や材料＝ミニマムなレシピ。

こうしてできた方程式に沿って、具体的に考えてみましょう。たとえばこんな感じです。

①具だくさんの豚汁が食べたい。

②豚汁といえば、豚バラ特有の脂の甘みや旨み、ゴボウの香りと歯応えが大事。これだけでもいいけど、さつまいもの甘みがあればなお嬉しい（ちなみにこれは、下処理もいらずボリュームが出るので、我が家では定番の組み合わせです）。

③いつもの豚汁はにんじん、こんにゃく、大根、ねぎを入れるけど、今日はなくていいかな。

④この日の豚汁は、豚バラ、ゴボウ、さつまいもの３つの具材だけ。

……こんな具合でしょうか。

ゴボウは火が通って食べやすければいいので面倒なささがきになどせず、斜め薄切りや薄い輪切りで十分。豚肉とゴボウをさっと炒めたところに、だし汁と、さつまいもを皮つきのまま食べやすく切って入れ、やわらかくなるまで煮たら味噌を溶かしてできあがり。お椀によそってねぎなどあればいいけど、七味だけでも。

たっぷり作って、翌朝も食べてもいいし、ご飯を入れておじや風、冷凍うどんを入れて味噌煮込み風、なんていうのもいいですよね。

こんなふうに、材料や手順を最低限にして料理をミニマムにすることは、決して手抜きではありません。それよりも、レシピにとらわれず、ふと立ち止まって自分が何を食べたいか、そんな気持ちに寄り添いながら料理をすることが大切なのです。あくまでもレシピは、料理をする人に伴走するものであり、わからなくなった時の参考文献として使ってほしい。

自分の「食べたい」を信じ、まずは材料を減らしてみて、無理なく料理をすることが、サステイナブル＝日々料理を続けることに繋がるのではないかと思います。

## 2・切らない料理

材料を切る作業は、どうしても手間を感じる部分であり、そもそも包丁使いが苦手で料理が億劫になるという人も結構多いようです。

それならば、いっそ切ることをやめてみましょう。要するに、最初から切らずに調理できる食材に目を向ければいいのです。

その方法は大きく二つ。まずは、一口で食べられる大きさの食材を選ぶこと。豚や牛肉ならひき肉やこま切れ肉、鶏肉ならから揚げ用にカットされたものや、手羽先、手羽元、もちろんひき肉も同様です。調理しながらヘラで潰せる豆腐やゆで大豆、卵も便利ですね。魚の切り身なんてまさに、ご丁寧に1人前に切れている優秀な食材です。

野菜なら、もやし、ミニトマト、スナップエンドウ、キノコなどなど。キャベツやレタスといった葉物は手でちぎれますし、それすらも面倒というときにはベビーリーフや、最近は冷凍野菜だって充実していますね。

そうした素材で作れるお手軽料理はというと、豚こまとキャベツの蒸し煮、もやしとひき肉の炒めもの、白身魚の切り身とミニトマトでアクアパッツァ、キノコと鮭の炊き込みご飯、スナップエンドウとホタテの中華炒め……といったところでしょうか。

　火口一つ、道具一つがあれば、すぐにできあがる。忙しくて料理に時間をかけられない、あまり料理のことを考えたくない、なんて人におすすめしたい調理法です。


　そして二つめは、かたまりのまま調理すること。見習うのは欧米です。日本人は箸で食べることを考え、食べやすく切って調理しますが、食卓でフォークとナイフを使いながら食べる欧米では、調理に際しては食材を小さく切ることはせず、大きいまま加熱します。

　代表例はかたまりのままオーブンで焼くローストポーク。あるいは、ポトフのように野菜を大ぶりのまま煮る方がおいしく仕上がる料理も豊富です。時にはスペアリブをトマト缶と、あるいは骨つき鶏を豆と煮たり……。時間はかかりますが、煮るだけなので火口を見張っていることもなく、作業自体はとても簡単。

　特に冬は鍋でコトコト煮てそのままテーブルにどん、と出せば、そのボリュームに歓喜の声が上がるはず。その場で取り分けたら、各々で食べやすく切ればいいのです。


　包丁を使いこなせるに越したことはありませんが、今は便利な世の中であり、ピーラーやスライサーだってあります。冷凍野菜だって豊富に揃います。

　便利な道具や材料を使いつつ、スムーズに負担なく料理を進められることが、料理が楽しくなるための第一歩なのだと思います。

## 3・一皿完結ごはん

日本では、一汁三菜といった言葉があるように、品数を多く用意された状態がバランスのよい豊かな食卓とされてきました。でも、今の忙しい世の中、そういうわけにもいかないですね。一皿で完結させたい、そう思うことは私自身しばしばあります。

海外に目を向けてみると、一皿完結で晩ごはんを終えている国は少なくありません。私がかつて暮らしたフランスがまさにそうでした。旬の食材は、そのものをシンプルにたっぷり食べるというスタイル。本書で紹介しているグリーンピースやアスパラガスなどがまさにそう。日本の場合、たとえば冬なら大根の煮物を1切れ、ほうれん草のごま和えも少々、そして白菜の漬物も忘れずに……なんて数品並ぶスタイルが理想とされてきましたが、フランスの場合はほうれん草ならソテーして使い切り、肉に添える、翌日はブロッコリーをバターで蒸し煮にして魚に添える、そのまた翌日はたっぷりのかぶと鶏肉をクリーム煮に……とこんな具合です。

私たちもこんなふうに気持ちをおおらかに、一皿で食事を整える、そんなスタイルを取り入れてもいいと思います。そんな一皿完結ごはんを取り入れるにあたり、大事なことをお伝えします。

まずは栄養バランス、それも朝昼晩を通して考えるということ。1食ごとに摂取すべき栄養素はタンパク源80~100グラム程度、ビタミン、ミネラル、食物繊維などを含む野菜が120グラム以上、炭水化物は茶碗1杯程度とされています。毎食これを守るのが理想ですが、朝は忙しいからパンだけ、昼はささっと麺類だけ、と栄養バランスが偏るのが現状かもしれません。

それを夜にカバーすべく品数を考えるよりは、朝昼でできるだけ底上げすることの方が、品数を考えることよりもずっと大事だと私は思います。

朝はパンにチーズ、野菜ジュースを加え、昼の麺類には卵や青菜をプラスする、そんな少しの心がけで夜に重きをおく必要はなくなります。

もう一つは、満足感。一皿だけでは物足りない、もっといろんな味を楽しみたい。そんな時に便利なのが、食卓での味変です。料理は薄めの味つけに仕上げ、食卓で食べ進めながら醤油を加えたり、少しレモンを絞って酸味を加えてみたり。アクセントとしてマスタードや七味、ゆずこしょうなどを足しても。ねぎや大葉などの薬味、ハーブやスパイス、時には粉チーズや刻みナッツ、黒こしょうなどで歯応えやコクを加えても楽しい。

シンプルな一皿料理もこんなふうにすれば食べ飽きず、また、それぞれでカスタマイズして食べるので、食卓に集まる人の好みの違いも問題ありません。

それでもやっぱり物足りない、という場合は、料理の品数を増やすのではなく食後の一品を用意してはどうでしょう。あらかた食卓を片づけたら、フルーツや甘いもの、あるいはチーズやお漬物など。食後のお茶やお酒と併せてゆっくりいただけば、一日のスピードを緩めるひと息になるのではないでしょうか。

忙しい毎日だからこそ、ストレスなく、おいしく食べる。定型にこだわらず、自分自身の「心地いい」と「ちょうどいい」を探していくことが、何より大事なのだと思います。

## 味つけとは

そもそも、味つけってどういうことでしょう？　さまざまな調味料を使って食材をおいしくする。もちろんそうなのですが、その「さまざま」とは何かを判断し、さらに数種類を混ぜて使うことこそが、料理をおいしくする腕前だと思っていませんか？　だから料理って難しいと思っていませんか？　いえいえ、実はそれほど難しいことではないのです。

### 塩味を操る

話はもっと簡単で、ロジカル。味つけの基本は、「素材に（おいしいと感じる）塩味をつける」ことです。人間が心地よく、おいしく思える塩味は決まっています。それは、「約1パーセント弱の塩分量」。これは、人間の体に流れる体液の塩分量でもあるのです！　よく考えれば当たり前のようにも思いますが、知った時には私もとても驚いたものでした。

それがわかれば、あとは簡単。肉や魚の重さに対して1パーセント弱の塩分をつければいいだけ。たとえば100グラムの肉に対し、塩なら1グラム弱。塩1グラムは一般的に「ひとつまみ」といわれますが、これについては後で詳しく説明します。醤油や味噌（種類が多いので一概に言えませんが）の場合は、小さじ1が塩分約1グラム弱の目安です。肉や魚に限らず、さまざまな食品も基本的に同様に考えます。

そう、この分量で肉や魚を焼く前にちゃんと味つけをしておけば、おおかたの味が決まるということ。正しい分量で下味をつける。実はかなり重要なことであり、おいしい料理への近道なのです。ちなみに塩分は、肉や魚をやわらかくする働きもあります。

一方で野菜はというと、それ自身に甘みや旨み、時に塩味を含むものもあるのでその加減が必要になってきますが、基本的には同様に1パーセントの塩分量で覚えておくといいでしょう。

それから、だしが利いたものは塩分を少なめに。なぜなら、だしの旨みが人の味覚を満足させる働きがあるからです。

このように考えれば、毎回レシピを見ながら調味料の分量を計らずとも、食材の重さからおおよその調味ができるのではないかと思います。

## 手計り目計り、そして味見

もちろん、計りと計量スプーンがなければ料理できないということではありません。それらを使わなくても、料理上手な人がいますよね。その違いは何か。それは、手計り、目計りで計量し、味見で調整をしていることにあります。

手計りとは文字どおり、手で計ること。指2本でつまんだ塩が何グラムか？　指3本では？　一般的に2本が「少々」、指3本が「ひとつまみ＝1グラム」といわれますが、私のひとつまみは0・5グラムです。人により異なりますので、ぜひ自分のひとつまみが何グラムか計ってみてください。一方、目計りは体積のこと。手のひらいっぱいの野菜は何グラムか？　両手では？　卵1個は50〜60グラムですが、同じ大きさの食材は重さも同程度ということ。小ぶりのみかんやじゃがいもなどがそうですね。ちなみに、カレースプーンは大さじ、ティースプーンは小さじとほぼ同程度の水分が入ることも、覚えておくと便利ですよ。

もう一つ、手計り、目計りで料理する際に特に重要なのが味見です。確実な分量の調味ではないので、当然仕上がりの味に毎回誤差が出ます。その軌道修正のための味見は、大事なプロセスになります。

ドレッシングを混ぜた時の塩味、煮始めの煮汁の味、炊き込みご飯の調味料を合わせた水分の味。仕上げだけではなく、スタート時や途中段階の味見。これをちゃんと行うことが、おいしさに繋がるのです。

途中の味見なんて意味がないのでは？と思われるかもしれませんが、煮始めの味を舌でしっかり覚えておくことで、次回作る時の記憶に繋がり、「同じ分量感の調味料でスタートすればおいしく煮上がる」という経験になります。

ドレッシングも同じです。酢とオイルの加減をその舌で覚えていくことで、毎回安定した味わいに繋がります。食材の1パーセント弱の塩分量を基本に考え、甘くしたければ砂糖やみりんを、キリッとアクセントをつけたければこしょうや七味などの香辛料で調整していく。

基本を理解したうえで、組み合わせる調味料の分量を計算し、調理途中で味見をする習慣をつける。それを繰り返すことで、自ずと味が決まりやすくなり、レシピに頼らずとも失敗とは縁遠くなるはず。何より、自分の料理の味に自信が持てるようになるはずです。

## 上田淳子（うえだ・じゅんこ）

料理研究家。神戸生まれ。辻学園調理技術専門学校卒業後、同校の西洋料理研究職員を経て渡欧。フランスのミシュラン星つきレストラン、シャルキュトリー（ハム・ソーセージ専門店）などで料理修業を積み、帰国して料理研究家として独立。自宅で料理教室を主宰するほか、テレビや雑誌など多数のメディアで活躍。確かな技術とわかりやすい解説に定評がある。著書に『フランス人が好きな３種の軽い煮込み。』（誠文堂新光社）、『大人のミニマルレシピ』（世界文化社）など多数。ポッドキャスト番組「料理たのしくなる相談室」配信中。

www.ju-cook.com
Instagram　@ju.cook



写真　新居明子
装画　佐藤紀子
デザイン　渡部浩美
スタイリング　池水陽子
調理協力　高橋ひさこ
DTP　濱井信作（コンポーズ）
編集　至田玲子（青幻舎）

レシピ以前の料理の心得
日々の料理をもっとおいしく

発行日　2024年10月15日　初版発行
　　　　2024年11月25日　第２刷発行

著者　上田淳子
発行者　片山誠
発行所　株式会社青幻舎
京都市中京区梅忠町 9-1　〒 604-8136
Tel.075-252-6766　Fax.075-252-6770
https://www.seigensha.com

印刷・製本　株式会社シナノ パブリッシング プレス




ISBN978-4-86152-973-3 C2077